Elsye Birkinshaw

Denken Sie sich jung!

Elsye Birkinshaw

Denken Sie sich jung!
So bleiben Sie jung

Aus dem Amerikanischen übersetzt von
Giovanni Bandini und Ditte König

Ariston Verlag · Genf

CIP-Titelaufnahme der Deutschen Bibliothek

BIRKINSHAW, ELSYE:
Denken Sie sich jung! : So bleiben Sie
jung / Elsye Birkinshaw. Aus d. Amerikan.
übers. von Giovanni Bandini u. Ditte König. – Erstaufl. – Genf : Ariston Verlag,
1988
Einheitssacht.: Think young – be young
< dt. >
ISBN 3-7205-1501-X

Die amerikanische Originalausgabe erschien unter dem Titel
»Think Young, Be Young«
1986 bei Woodbridge Press Publishing Company,
Santa Barbara, California
Copyright © 1980, 1986 by Elsye Birkinshaw
© Copyright der deutschen Ausgabe by Ariston Verlag,
Genf 1988

Alle Rechte, insbesondere des – auch auszugsweisen –
Nachdrucks, der phono- und photomechanischen Reproduktion,
Photokopie, Mikroverfilmung sowie der Übersetzung und
jeglicher anderen Aufzeichnung und Wiedergabe durch
bestehende und künftige Medien, vorbehalten.

Gestaltung des Schutzumschlages:
H. + C. Waldvogel, Grafik Design, Zürich

Gesamtherstellung: Ueberreuter Buchproduktion
Ges. m. b. H., Korneuburg bei Wien
Erstauflage August 1988
Printed in Austria 1988

ISBN 3-7205-1501-X

Inhalt

1. Denken Sie sich jung! So bleiben Sie jung.. 7
2. Fort mit den falschen Denkmustern! 23
3. Die inneren Mechanismen Ihres Denkens und Fühlens 35
4. Zerbrechen Sie die Ketten des Alters! 51
5. Denken Sie richtig! 59
6. Die Bausteine des Lebens 69
7. Unglaubliche Energie 91
8. Spannkraft durch körperliche Bewegung .. 103
9. Die Spiegelbildtechnik................. 121
10. Tiefenentspannung..................... 135
11. Größere Reichweite 147
12. Die Zeit arbeitet für Sie 163
13. Halten Sie Ihre Neugier wach! 175
14. Es liegt ganz in Ihrer Hand 187
15. Geistiger Widerstand 195
16. Jetzt mit System! 201
17. Jenseits des Geistes 211

1
Denken Sie sich jung!
So bleiben Sie jung

Von allen unstillbaren Sehnsüchten, die der
Mensch seit undenklichen Zeiten in seinem Herzen
trägt, dürfte eine ganz besonders ursprünglich und
vielleicht am weitesten verbreitet sein, wie zahllose
Mythen und Märchen in den verschiedensten Kulturen bezeugen: *der Wunsch nach ewiger Jugend.*
Wer von uns hätte diesen Wunsch, nicht alt zu
werden und sterben zu müssen, noch kein einziges
Mal in seinem Leben verspürt? Und wer hätte sich,
nach dem anfänglichen Aufbegehren »Warum muß
ich denn alt werden?« gegen dieses grausame
»Schicksal«, nicht früher oder später vernünftig
und realistisch mit dem Unabänderlichen abgefun-
den und resigniert:»Jeder wird alt; also will ich es
wenigstens mit Anstand und Würde tun...«?

Es gibt keine Alterskrankheiten

Aber das stimmt nicht: Niemand muß alt aussehen
oder sich so fühlen und so verhalten – wenn er oder
sie sich nicht dazu *entschließt!* Ja, Sie haben richtig
gelesen: Das erkennbare Altern an Geist, Seele und

Körper ist die Konsequenz einer bewußten und unbewußten, intellektuellen, psychischen und physischen *Entscheidung* des einzelnen Menschen. Selbst die medizinische Forschung ist neuerdings nach umfassenden Untersuchungen zu einem sehr ähnlichen Ergebnis gekommen. Die *American Medical Association* hat eine Broschüre mit dem Titel »Eine neue Theorie über das Altwerden« herausgegeben, in der es heißt, daß es im eigentlichen Sinne keine »Alterskrankheiten« gibt. Mit anderen Worten: Keine einzige Krankheit scheint *allein* daraus zu resultieren, daß man ein bestimmtes Alter erreicht oder überschritten hat.

»Wir haben keinen Grund anzunehmen«, heißt es dort weiter, »eine zittrige Hand, ein unsicherer Gang oder ein verengter geistiger Horizont seien ab einem bestimmten Alter unvermeidbar. Diese Symptome werden durch mangelnde körperliche und geistige Betätigung bewirkt, *nicht* durch das Überschreiten irgendeiner Altersgrenze.«

Praktisch vom Augenblick unserer Geburt an werden wir dazu verleitet, an eine ganze Menge »Fakten« zu glauben, die wir zunächst nicht selbst überprüfen können. Wenn wir auf die Welt kommen, ist unser Geist noch ein weitgehend unbeschriebenes Blatt, abgesehen von einem gewissen »ererbten Gedächtnis«, das wir wohl mitbringen. Gut – der junge Mensch muß, wie alle Jungtiere höherer Gattungen auch, eine gewisse Menge praktischen Erfahrungswissens von seiner erwachseneren Umgebung aufnehmen, um zunächst im Leben bestehen zu können; aber kaum beginnen wir uns hier auf Erden häuslich einzurichten, fängt die Gehirnwäsche auch schon an. Vielleicht hat man uns gesagt, daß wir uns garantiert einen Schnupfen holen, wenn wir in der Zugluft sitzen – obwohl es inzwischen wissenschaftlich nachgewiesen ist, daß das überhaupt nicht stimmt. Vielleicht hat man uns auf die Nase gebunden, daß wir uns unweigerlich infizieren, wenn wir auch nur in die Nähe eines anstekkenden Kranken kommen – aber das ist nicht unbedingt der Fall: Ärzte und Schwestern sind bei ihrer Arbeit in Praxis und Klinik ständig von ansteckenden Krankheiten umgeben, und nichts spricht dafür, daß sie sich häufiger etwas holen als sonst jemand. Der Glaube, daß wir alt werden müßten, nur weil die Zeit vergeht, ist auch nichts anderes als solch ein ungeprüft übernommenes Vorurteil, das man uns eingetrichtert hat und das wir – später im Besitz eigenen Urteilsvermögens – aufgrund besseren Wissens zu revidieren versäumt haben.

Aufgezwungene Ansichten

Unser tägliches Leben besteht zu großen Teilen aus solchen vorgefaßten Meinungen, die wir im Verlauf des Sozialisationsprozesses als gültig akzeptiert und nicht mehr in Frage gestellt haben. Die meisten Vorstellungen und Überzeugungen, nach denen wir leben, obwohl sie nicht oder höchstens teilweise zutreffend sind, wurden uns in unserer Kindheit aufgedrängt – Behauptungen, wie: »Zieh dir warme Sachen an, sonst wirst du dich erkälten.« Wir glaubten als Kinder zwar felsenfest und trotzig, daß wir uns nicht erkälten würden, aber was blieb uns schon anderes übrig, als zu gehorchen? Seitdem wir nun erwachsen geworden sind, haben wir wiederholt feststellen können, daß weder kalte Füße zwangsläufig einen Schnupfen verursachen, noch warme Füße uns mit hundertprozentiger Sicherheit davor bewahren, sondern daß vor allem ein guttrainiertes körpereigenes Abwehrsystem der sicherste Schutz gegen Infektionskrankheiten ist. Und so gab es Hunderte ähnlicher falscher Behauptungen, von denen viele uns beträchtlich einschüchterten: »Iß deinen Teller leer, sonst wirst du niemals so groß werden wie Papa!« Diese Aussage war doch ganz fraglos falsch. Allenfalls kann ein Kind, das man systematisch mästet, später ein vergebens gegen sein Übergewicht ankämpfender Erwachsener werden – und vielleicht war ja der Papa auch schon viel zu dick ...

Alle diese Behauptungen dienten dazu, uns zu disziplinieren, uns dieser unserer Gesellschaft anzupassen; unglücklicherweise hatten sie auch eine unerwünschte Nebenwirkung: uns mit Ängsten zu erfüllen.

Als Kinder rebellierten wir schweigend gegen solche Dummheiten wie das Stiefelanziehen-wenn's-kalt-ist. Manche taten es wohl ein bißchen offener und protestierten lautstark, aber auch ohne Erfolg. Umgeben von riesigen Erwachsenen, mußten wir einfach tun, was man uns sagte. So wurden wir unsere ganze Kindheit über mehr oder minder sanft gemaßregelt, bedroht, gedrillt – und mit Geschenken belohnt, wenn wir uns schließlich fügten.

Aufgezwungene Ansichten

Dann trat ein überraschender Wandel ein: die Rebellion unserer Teenagerjahre. Unsere Eltern wußten plötzlich nicht mehr, wie sie mit uns Kindern fertig werden sollten. Die Drohungen, die Strafen, die Ermahnungen verfingen offensichtlich nicht mehr. Diese Teenager schienen mit einem Male die ganze Erziehung, die ihre Eltern ihnen so sorgfältig hatten angedeihen lassen, vollkommen über Bord geworfen zu haben. Es sah ganz so aus, als habe die bis dahin so effektive Einschüchterungstaktik ihre Wirkung vollständig eingebüßt. Die Heranwachsenden rebellierten jetzt ganz offen gegen alte und überholte Ansichten, wie etwa die, daß es unbedingt nötig sei, warme Stiefel anzuziehen, um nicht krank zu werden, oder daß man seinen Teller leer essen müsse, um so groß wie Papa zu werden (den sie ja schon jetzt um eine Handbreite überragten); sie erkannten endlich, daß viele der Dinge, die man ihnen beigebracht hatte, ganz einfach nicht stimmten – und zwar nicht nur die harmlosen Gesundheitsregeln, sondern häufig das ganze Wertgefüge erstarrter und verlogener Weltbilder – denken Sie etwa an heuchlerische Moralbegriffe oder tödlichen Patriotismus!

Traurigerweise aber wurden, kaum daß die aufsässigen Jahre der Jugend vorbei waren, gerade diese alten und verstaubten Ansichten zu guter Letzt doch wieder übernommen – einfach in Ermangelung einer Alternative; und als die rebellischen Teenager von einst selbst Kinder bekamen, brachten sie ihnen vorsichtshalber genauso bei, daß sie ihre Stiefel anziehen sollten, um sich keinen

Schnupfen zu holen, oder ihren Teller leer essen, um so groß und stark wie Papa zu werden.

Und so konnte es dazu kommen, daß wir eine unübersehbare Menge von falschen Meinungen als unumstößliche Wahrheiten betrachten und uns nach ihnen richten. Wir leben nach diesen Glaubenssätzen, ohne sie zu hinterfragen, weil wir ohne eine Spur von Zweifel zu »wissen« glauben, daß sie wahr sind; wir haben schließlich nichts, was wir an ihre Stelle setzen könnten.

Glaube ist der Schlüssel

Es gibt aber ein Geheimnis, das nur sehr wenige Menschen kennen: Es sind nicht die bestimmten – richtigen oder falschen – Auffassungen, die unser Leben gestalten, sondern unser Glaube an sie. *Das, woran Sie glauben, daß es wahr sei, ist das Gesetz, nach dem Sie leben!*

Wenn Sie der Überzeugung sind, daß warme Schuhe Sie davor bewahren werden, sich zu erkälten, dann werden Sie auch selten einen Schnupfen bekommen, solange Sie welche anhaben; und wenn Sie mal ohne Winterstiefel ausgehen, werden Sie sich wahrscheinlich aus lauter unbewußter Angst auch tatsächlich erkälten. Aber die Stiefel sind nicht mit einem Geheimmittel imprägniert, das uns gegen Infektionen und Erkältungskrankheiten immun macht; es ist der *Glaube* an deren vermeintliche »Wirkkraft«, der uns vor einem Schnupfen bewahrt, *nicht die Stiefel selbst.*

Glaube ist der Schlüssel

Ganz genauso verhält es sich auch mit anderen Überzeugungen, Einstellungen und Meinungen, die man Ihnen im Laufe Ihrer Kindheit eingetrichtert hat. Sie sind für Sie wahr, wenn Sie daran glauben, daß sie es sind – nicht aber allein deshalb, weil sie es wirklich wären.

Einer Teilnehmerin an einem meiner Seminare an der Ostküste der Vereinigten Staaten von Amerika hatte man als Kind beigebracht, Frauen seien dümmer als Männer und müßten diesen deswegen untertan sein. Und nachdem sie also ihre ganze Kindheit hindurch dieses idealisierte Bild vom Mann vorgesetzt bekommen hatte, glaubte sie schließlich daran. Als sie dann heiratete und ihr Ehemann natürlich nicht dem ihr anerzogenen Idealbild entsprach, bekam das Bild der »Wahrheit«, das man ihr vorgegaukelt hatte, einen gewaltigen Knacks, und sie geriet in beträchtliche innere Konflikte. Später jedoch erkannte sie, daß Männer auch nur Menschen sind und genauso wie Frauen ihre Fehler haben, daß aber jeder Mensch versucht, das Beste aus sich und seinem Leben zu machen.

Glücklicherweise war diese Frau noch jung, als das geschah, denn so war es ihr, zusätzlich zu dieser Einsicht, auch möglich, zu erkennen, daß das »Märchen vom Altern«, das man ihr beigebracht hatte, ebensowenig auf Wahrheit beruhte. Jetzt, im Alter von zweiundfünfzig, führt sie ein dynamisches Leben, ist auf ihrem Gebiet sehr erfolgreich und sieht so aus, als sei sie Ende Dreißig.

Ihr Leben ist ein Spiegelbild Ihrer selbst

Ihre vorgefaßten Meinungen und Überzeugungen, gleichgültig ob wahr oder falsch, bestimmen Ihre Welt; Sie wirken sich in Ihrem Leben als Wahrheiten aus und machen es zu dem, was es ist – gut oder schlecht. Erkennen Sie, daß Ihr Leben ein Spiegel Ihrer Überzeugungen ist!

Schauen Sie sich um: Sind Sie mit Ihrem Leben und ihrer persönlichen Umgebung zufrieden? Wenn ja, dann sind Ihre Überzeugungen offensichtlich positiv und wirken sich in einer für sie positiven Weise aus. Führen Sie dagegen ein trostloses, deprimierendes Leben, dann ist das nicht unbedingt Ihr Schicksal, sondern es liegt auch daran, daß Sie bestimmte falsche Überzeugungen als Wahrheiten akzeptiert haben, die sich nun in dieser Weise auf Ihr Leben auswirken. Ändern Sie Ihre Überzeugungen, und Sie werden damit automatisch Ihre Welt verändern!

Auch so ein Irrglaube, eine falsche Vorstellung, die vom Großteil der Menschheit für wahr gehalten wird, ist also die Auffassung, daß jeder alt wird – richtig alt: in seinem Aussehen, seinem Verhalten, seiner Leistungs- und Genußfähigkeit – wenn er eine gewisse Anzahl von Jahren gelebt hat; und wenn wir uns dies als Meinung und als Wahrheit zu eigen machen, so lassen wir damit zu, daß es Wirklichkeit wird:

»Vater starb mit fünfundvierzig an einem Herzschlag, Mutter wurde auch nicht sehr alt; wahrscheinlich werde ich ebensowenig ein hohes Alter erreichen.« – »In unserer Familie bekommen alle recht früh graue Haare, also werde ich wohl auch bald welche haben.« – »Da Mutter mit Fünfzig ihre ersten Falten bekam, werde ich sie in dem Alter bestimmt auch kriegen.« – »So mit Fünfundsiebzig werde ich wahrscheinlich hinfällig und senil werden, denn Vater war bis zu dem Alter noch recht aktiv, aber dann ging es rasch mit ihm bergab.« Und so weiter.

Interessanterweise gibt es aber auch Leute, die dagegen sagen:

»Ich stamme aus einer langlebigen Familie, also werde ich auch nicht so bald das Zeitliche segnen.« – »Meine Verwandten sind alle weit über Neunzig geworden und einige sogar über Hundert, und sie sind bis zuletzt sehr energisch und aktiv geblieben. Ich bin sicher, daß es bei mir auch so sein wird.« – »Großmutter ist mit neunundsiebzig Jahren Erste in einem Volkslauf geworden; ich bin wirklich froh, daß unsere Familie derartig vital ist.«

Einige Ausnahmemenschen

Es hat auf der ganzen Welt schon immer Menschen gegeben, die mit ihrem Leben bewiesen haben, daß es keineswegs unumgänglich ist, gleichsam mit Erreichen des Rentenalters alt und hinfällig zu werden.

Im Jahre 1933 starb in China der berühmte Herbalist LIN CHUNG YUN im Alter von zweihundertsechsundfünfzig Jahren. Die *New York Times* berichtete über diesen bemerkenswerten Mann, dessen Alter, nach einer gründlichen Untersuchung des Falles durch den Rektor der Chang-Tu-Universität, offenbar von der chinesischen Regierung bestätigt wurde. Li hatte dreiundzwanzig Ehefrauen überlebt und war zum Zeitpunkt seines Todes mit der vierundzwanzigsten verheiratet. Er war Vegetarier und machte Kräuter, Ginseng und Fo-ti-Tieng (eine Pflanze, die in den tropischen Regenwäldern Asiens wächst) für seine Langlebigkeit verantwortlich. Man berichtet, Li habe eine ruhige und heitere Haltung dem Leben gegenüber gehabt.

Es gab und gibt noch weitere herausragende Ausnahmen von dieser jahrtausendalten Pseudoregel, daß wir alle alt werden müssen – Männer und Frauen, die, weit über die Siebzig hinaus, wahre Wunder an körperlicher, geistiger, künstlerischer und schöpferischer Energie gewesen sind.

Der große italienische Renaissancemaler TIZIAN schuf einige seiner bedeutendsten Werke im Alter von über Neunzig. ROSCOE POUND, ein bekannter Jurist, schrieb im Alter von über sechsundachtzig Jahren fünf Bücher über amerikanisches Recht. THOMAS PARR, ein Bauer aus England, drosch nicht nur mit Hundertdreißig noch Getreide und erreichte ein Alter von hundertdreiundfünfzig Jahren, sondern er wurde obendrein noch als Hundertzweijähriger wegen eines Sittlichkeitsdeliktes angeklagt und vor Gericht gestellt. In Dänemark wurde ein gewisser Herr DRANKENBERG hundertsechsundvierzig Jahre alt, verliebte sich noch mit hundertdreißig Jahren in ein sechzehnjähriges Mädchen und wollte es heiraten (sie gab ihm allerdings einen Korb). Der italienische Baron BARAVICINO DE CAPELLIS heiratete mit Vierundachtzig zum vierten Mal und zeugte noch sieben Kinder, bevor er im Alter von hundertundsieben Jahren starb. Der Engländer PETER ALBRECHT zeugte gleichfalls sieben Kinder, nachdem er sich mit Fünfundachtzig wiederverheiratet hatte, und wurde hundertdreiundzwanzig Jahre alt.

Auch in jüngerer Zeit haben viele solche »alterslosen« Menschen gelebt, große Künstler, Musiker und Politiker wie PABLO PICASSO, der Cellist PABLO CASALS, BERNARD BARUCH (Finanzberater der amerikanischen Präsidenten WILSON und ROOSEVELT), WINSTON CHURCHILL, CHARLES CHAPLIN, GOLDA MEIR und die in den Vereinigten Staaten sehr berühmte naive Malerin »Grandma« MOSES (eigentlich ANNA MARY ROBERTSON MOSES).

Der nicht so berühmte LARRY LEWIS versuchte mit hundertundfünf Jahren, seinen Kellnerberuf an den Nagel zu hängen, nahm aber schon nach ein paar Wochen tödlicher Langeweile seine Arbeit im *Saint Francis Hotel* in San Francisco wieder auf. MARIE CARDOZA fing mit Fünfundsiebzig an zu reiten, stieg dann aber aufs Fahrrad um, weil sie, wie sie sagte, nie ein Pferd mit Pep bekam; auf dem Rad könne sie wenigstens so schnell fahren, wie sie wolle. In Pacific Grove (Kalifornien) lernte ich ein über fünfundachtzigjähriges Mitglied des *Polar Bear Club* kennen. Eine der Klubregeln schreibt vor, daß man jeden Tag, sommers wie winters, einen Sprung in den Ozean machen muß; bei Pacific Grove ist der Ozean schon im Sommer kühl, im Winter aber wirklich eisig.

Es gab und gibt noch viele andere bekannte und unbekannte Menschen, die ein langes und bis zuletzt produktives Leben geführt haben – wie die Schauspielerin GLORIA SWANSON, WILL und ARIEL DURANT (Verfasser der »Kulturgeschichte der Menschheit«), MARLENE DIETRICH, der Dirigent ARTHUR FIEDLER und der berühmte Pianist ARTHUR RUBINSTEIN. Wir alle haben schon von solchen Menschen gehört – Menschen, die trotz ihres hohen Alters nicht »alt« sind und ein immer noch ausgefülltes und aktives Leben führen und deren Aussehen und Tatkraft ihre Geburtsurkunde Lügen strafen.

Worin liegt das Geheimnis?

Wenn man von diesen erstaunlichen Menschen liest, ist es wichtig, sich nicht einfach zu sagen: »Ist das nicht wunderbar? Ich kann nur hoffen, in dem Alter auch noch so fit zu sein!« Nein, man sollte sich vielmehr fragen: »Welches Geheimnis haben diese Menschen entdeckt? Welches Grundprinzip des Lebens machen sie sich zunutze, was hat es ihnen ermöglicht, *sich jung zu denken – jung zu sein?*«

Arbeitgeber, Ärzte und erst recht Gewerkschaften und Regierung setzen ein bestimmtes Alter als Rentenalter fest. Das hat zur Folge, daß die Sechzig oder die Fünfundsechzig die traurige Zahl ist, die Ihnen sagt, daß Sie nun aus dem Rennen sind und sich besser damit abfinden sollten, ab jetzt Tauben zu füttern, die Bremse anzuziehen und aufzuhören, sich abzustrampeln.

Worin liegt das Geheimnis?

Lassen Sie sich bloß nichts vormachen! Nein, all die Menschen, die weit über das sogenannte Rentenalter hinaus Jugendlichkeit an den Tag legen, haben bewiesen: Es gibt kein starres und unübertretbares Naturgesetz, das Ihnen vorschreibt, klapprig und hinfällig zu werden, nur weil Sie seit soundso vielen Jahren auf der Welt sind!

Man hat Ihnen einen Bären aufgebunden – Ihnen den Glauben aufgeschwatzt, daß Sie alt, schwach und gebrechlich werden *müssen*. Seit jeher heißt es auf der ganzen Welt: »Jeder wird mal alt.« Und das hat Sie dazu gebracht, an diese Lüge zu glauben. Glauben Sie »den Leuten« nicht; sie wissen gar nicht, wovon sie reden. Wachen Sie aus Ihrem Dornröschenschlaf auf und erkennen Sie, daß es nur ein Märchen ist: Sie brauchen überhaupt nicht alt und schwach zu werden, auch wenn die Zahl Ihrer Jahre zunimmt und keiner von uns das ewige Leben auf Erden gepachtet hat! Viele Menschen haben uns bewiesen, daß der Alterungsprozeß nicht zwangsläufig ist und daß die Jahresskala des Lebensalters nicht als Maßstab taugt! Wir besitzen ihre Lebensgeschichte und Dokumentationsmaterial, aus dem hervorgeht, was sie gedacht und getan haben; wir können also ihrem Beispiel folgen.

Die erste Frage lautet also: »Warum werden wir alt, wenn es gar nicht notwendig ist? Warum lassen wir es zu, daß der Irrglaube des Alternmüssens uns täuscht, bis wir uns selbst diesem Denk- und Lebensklischee aller vorangegangenen Generationen anpassen?«

Ihr Körper spiegelt Ihre Überzeugungen wider

Das geistige Bild, das Sie von sich selbst haben, ist der Bauplan, die Matrize Ihres Körpers, und daher kann dieser auch sehr bald das Zerrbild offenbaren, das Sie in sich tragen. Der Körper wird tatsächlich von den landläufigen Vorstellungen vom Altern geprägt und verändert. Natürlich gibt es auch andere Faktoren, die körperliche Veränderungen bewirken: Umweltverschmutzung, schädliche Strahlungen, Krankheiten, Anspannung und Leistungsüberforderung beeinträchtigen die ursprüngliche Vollkommenheit, indem sie die Körperzellen daran hindern, sich als genaue Ebenbilder ihrer selbst zu reproduzieren. So kommt es zu Mißbildungen und Abnutzungsmerkmalen, die sich als runzlige Haut, erschlaffte Muskeln, Pigmentflecken und so weiter manifestieren: eben als die typischen Anzeichen des »Alters«.

Das sind also die zwei Wurzeln des Alterungsprozesses: einerseits die Prägung Ihres Geistes mit falschen Überzeugungen und Ansichten, andererseits die durch verschiedene Ursachen bedingten Veränderungen Ihrer Körperzellen – Schäden, die nach Auffassung mancher Forscher bis in den Zellkern reichen können. Es sind also, wie Sie sehen, beides Ursachen, die nichts mit dem Altern im eigentlichen Sinne, das heißt nicht zwangsläufig mit dem Faktor »Zeit« zu tun haben. Deshalb fragen wir:

O Kann dieser Alterungsprozeß verlangsamt werden?

Ihr Körper spiegelt Ihre Überzeugungen wider 21

○ Kann er aufgehalten werden?
○ Ist er umkehrbar?

Auf all diese Fragen: *Ja!*
Es gibt tatsächlich Mittel und Wege, das zu errei-
chen. Lassen Sie uns also damit anfangen: *Denken
Sie sich jung! So bleiben Sie jung.*

2
Fort mit den falschen Denkmustern!

Das erste, was Sie tun müssen, um den Alterungsprozeß aufzuhalten, ist: die Tatsache zu akzeptieren, daß man Ihnen etwas Falsches beigebracht hat. Die Vermittlung von falschen Informationen setzte bereits in Ihrer frühesten Kindheit ein – in dem Augenblick, als Verwandte und Freunde zum ersten Mal fragten: »Wie alt ist denn das Baby?«

Bereits zu diesem Zeitpunkt erhält das Wort *alt* zusätzlich zu seiner wörtlichen Bedeutung noch einen besonderen Beigeschmack, weil es mit der Entstehung und Entwicklung unterschiedlicher körperlicher und geistiger Fähigkeiten in Zusammenhang gebracht wird. Das Baby beginnt zuerst die Eltern zu erkennen, dann lernt es zu lächeln, zu essen, zu laufen und so weiter. Bis dahin wird also das Älterwerden als etwas Positives erlebt, weil Eltern gewöhnlich sehr stolz auf die Fortschritte ihrer Sprößlinge sind. Wenn das Baby besonders schnell laufen lernt, wird die Mutter etwa sagen: »Thomas konnte mit neun Monaten schon laufen.«

Sehr rasch begreift Thomas, daß es gut ist, so schnell wie möglich zu lernen, weil er dann von seiner ganzen Umgebung gelobt wird und Bestätigung erfährt. So beginnt die Zeit für ihn überhaupt erst richtig fühlbar zu werden: Jedesmal, wenn er etwas rascher lernt als andere Kinder seiner Altersgruppe, wird er gelobt, und dafür ist man, wie wir wissen, in der Kindheit ganz besonders empfänglich. Das hat zur Folge, daß die meisten Kinder – da für sie die Zeit sehr langsam verstreicht – es oft überhaupt nicht erwarten können, zwölf oder sechzehn oder einundzwanzig Jahre alt zu werden.

Wenn Thomas dann Anfang Zwanzig ist, nimmt für ihn das Wort *alt* aber allmählich eine andere Bedeutung an. Er schaut sich um und erkennt: Je älter man wird, desto mehr scheint man körperlich abzubauen. Sein Großvater, der mit Fünfzig noch überaus aktiv war, hat sich jetzt als fünfundsechzigjähriger Rentner in jeder Hinsicht zur Ruhe gesetzt; sein Vater, der früher viel Sport trieb, ist jetzt zu einer beschaulicheren Freizeitbeschäftigung übergegangen. Also ist für ihn völlig klar: Wenn Vater und Großvater in einem bestimmten Alter angefangen haben kürzerzutreten, wird er es später auch tun müssen.

Sie werden vielleicht glauben, daß der Denkfehler bezüglich des Wortes *alt* erst da begann; aber so ist es nicht! Er hatte schon in dem Moment eingesetzt, als Thomas auf die Welt kam und ihm das landläufige falsche Zeitbewußtsein aufgezwungen wurde. Für die meisten von uns bedeutet »Zeit« ein stetiges Fortschreiten auf das unausweichliche Ende zu – das Altsein. Wie wir aber schon gesehen haben, ist das nicht notwendigerweise der Fall.

Zeit ist eine relative Größe

Der große Physiker und Nobelpreisträger ALBERT
EINSTEIN hat nachgewiesen, daß sogar die objektive,
meßbare Zeit relativ ist; und wieviel mehr gilt das
für unser *subjektives Zeitempfinden!* Wenn wir uns
mit Menschen, die wir mögen, gut unterhalten, ver-
fliegt eine Stunde wie wenige Augenblicke; wenn
wir uns dagegen mit etwas Unerfreulichem beschäftigen oder voll Ungeduld auf etwas warten müssen,
kann uns die gleiche Zeitspanne wie ein Jahr erscheinen. So ist das, was wir »Zeit« nennen, immer
nur im Verhältnis zu dem zu verstehen, was wir gerade tun, oder abhängig davon, wie wir uns gerade
fühlen.

Als Thomas noch klein war, bedeutete das Wort
alt für ihn »groß«, fast soviel wie »gut«, weil er für
jeden seiner altersbedingten Fortschritte Lob und
Bestätigung erfuhr. Als er heranwuchs, erhielt dasselbe Wort einen erschreckenden Beigeschmack; er
begann nämlich, sich selbst in Beziehung zu seinem
Vater und Großvater und deren beider Lebensführung zu setzen, und schloß nun, es würde ihm im
gleichen Alter genauso ergehen wie ihnen.

Das ist der erste Denkfehler, der korrigiert werden muß. »Zeit«, also das Verstreichen einer bestimmten Anzahl von Jahren, braucht für Sie *nicht*
zwangsläufig eine stetige Abwärtsentwicklung zu
bedeuten, die in eine unausweichliche Endphase
einmündet: das »Alter« mit all seinen körperlichen
und geistigen Verfallserscheinungen und dem damit
einhergehenden Verlust an Lebensfreude.

An diesem Punkt müssen Sie *bewußt* anfangen einzusehen, daß man Ihnen etwas Falsches beigebracht hat, ja Sie könnten diese falschen Informationen geradezu als »Unrat« Ihres Geistes bezeichnen. Sie müssen also mehr tun, als einfach nur dieses Buch durchzulesen und sich dann und wann zu sagen: »Das klingt ja wirklich ganz einleuchtend!« Nein, *bewußt* bedeutet, daß Sie sich wirklich einen Plan ausarbeiten müssen, der es diesen für Sie neuen Informationen ermöglicht, bis in Ihr Unterbewußtsein vorzudringen; und parallel dazu müssen Sie all Ihre bisherigen falschen Vorstellungen nach und nach, wie die trockenen Häute einer Zwiebel, von Ihrem Denken und Fühlen abschälen.

Wie fängt man das also bewußt an?

Glücklicherweise verfügen wir heute über zahlreiche Ergebnisse der psychologischen Forschung, die uns einigen Aufschluß über die inneren Mechanismen von Geist und Seele geben. Es gibt zwar noch eine ganze Menge mehr zu entdecken, aber mit dem, was wir bereits wissen, ist es schon möglich, einen exakten Plan auszuarbeiten, der Ihnen dabei helfen wird, sich *jung zu denken* und *jung zu bleiben*.

Beharrlichkeit ist das Geheimrezept

Es gibt nur ein »Geheimnis« bei diesem Vorhaben, und Sie brauchen dazu wirklich kein Genie oder Millionär zu sein, ja es ist nicht einmal eine besondere, überdurchschnittliche Begabung erforderlich. Nein, das einzige Geheimnis bei der ganzen Sache ist *Beharrlichkeit*. Sie allein wird all das verwirklichen, was Sie erreichen wollen.

Da die geistigen und seelischen Funktionen des Menschen einer ganz bestimmten Gesetzmäßigkeit unterliegen, war es möglich, eine Technik zu entwickeln, die bei jeder Anwendung stets die gleiche Wirkung zeitigt und die nicht nur zum Aufhalten des Alterungsprozesses, sondern auch in zahlreichen anderen Lebensbereichen erfolgreich angewandt worden ist.

Bei jedem bewußten, aktiven, zielgerichteten geistigen Prozeß besteht der erste Schritt darin, das Unterbewußtsein zu rekonditionieren, das heißt, die in seinen tieferen Schichten gespeicherten falschen Informationen zu löschen. Erkennen Sie dieses »Wissen« als das, was es ist, und versuchen Sie, sich daran zu erinnern, wie Sie es erworben haben! Wie oft sind Sie an Ihrem Geburtstag von Freunden gefragt worden: »Wie alt bist du heute geworden?« Und folgte dann nicht oft eine scherzhafte Bemerkung wie: »Du kommst jetzt wirklich langsam in die Jahre!«

Unglücklicherweise versteht Ihr Unterbewußtsein das, selbst wenn es als Witz gemeint war, wörtlich und nimmt diese falsche Aussage in sich auf. Weil aber Geist und Seele den Körper beherrschen, setzt der Glaube daran, daß Sie altern, den Verfallsprozeß in Gang; und in kurzer Zeit fängt der Körper an, die entsprechenden spezifischen Auswirkungen zu manifestieren. Wenn Sie dann in den Spiegel schauen und ein oder zwei Fältchen entdecken, so erfährt jene scherzhafte Behauptung eine unmittelbare Bestätigung, und Sie glauben nun wirklich daran, daß Sie jetzt langsam alt werden. Weil Sie aber selbst so fest daran glauben, werden die Anzeichen auch immer deutlicher und deutlicher, und ehe Sie's merken, sitzen Sie schon auf einem Karussell, von dem Sie nicht mehr abspringen können.

Eine einfache Technik

Sie können die Leute zwar meist nicht daran hindern, solche – scherzhaften oder ernstgemeinten – Urteile zu fällen; doch es gibt einen Weg, Ihr Unterbewußtsein davon abzuhalten, sie zu akzeptieren und zu speichern. Eine sehr einfache, aber effektive Technik besteht darin, *»streichen, streichen«* zu sich selbst zu sagen. Das wird augenblicklich die Auswirkungen jeglicher negativen Aussage ausradieren, also verhindern, daß sie sich in Ihrem Unterbewußtsein festsetzt. Doch wie werden Sie die negativen Urteile los, die Sie in all den Jahren bereits aufgenommen haben und die tief in Ihnen wurzeln?

Die Erfindung des Computers hat uns wichtige Rückschlüsse auf die Funktionsweise des Unterbewußtseins ermöglicht. Das bedeutet natürlich nicht, daß Sie eine Maschine sind; es bedeutet vielmehr, daß Sie über eine wunderbare, nützliche »Maschine« verfügen, über ein phantastisches Instrument, das jede bisherige menschliche Erfindung in den Schatten stellt – ja überhaupt jede Erfindung erst möglich gemacht hat.

Zu allen Zeiten haben sogenannte Genies gelebt,

Menschen, die große Ideen verwirklicht haben. Die Ideen, könnte man sagen, waren immer schon da, doch es bedurfte eines Menschen, der wußte, wie man die mentalen Fähigkeiten und Kräfte richtig gebraucht, um Ideen ans Licht zu bringen. Zum Beispiel hat es die Elektrizität seit jeher gegeben, aber es war erst ein THOMAS ALVA EDISON nötig, der mit seinem Denken richtig umzugehen wußte, um uns zu zeigen, wie man mit Elektrizität gebrauchsfähiges Licht erzeugen kann. Und *wie* hat er sein geistig-psychisches Vermögen gebraucht? Er hat nicht etwa versucht, sich durch Willenskraft zu zwingen, Einfälle auszuspucken! Nein, er döste scheinbar vor sich hin, und während er in sich hineinlauschte, tauchten die Ideen von innen auf – aus seinem Inneren, aus den Tiefen seines inneren Selbsts, seines Unterbewußtseins, das die Lösung der Probleme bereits »wußte«.

Auf die Denkweise kommt es an

Das eigentliche Problem, mit dem wir uns befassen müssen, sind also Geist und Psyche, und jeder Mensch muß es für sich selbst tun. Niemand ist dazu imstande, in das Innere eines anderen Menschen hineinzugreifen und seine große Kreativität hervorzuholen. Andere Menschen können Ihnen wohl die Richtung weisen – Menschen, die diesen Weg bereits beschritten haben, können Ihnen zeigen, wie Sie Gefahren umgehen können, und Sie auf Wegzeichen aufmerksam machen; aber nur Sie selbst können die eigentliche Arbeit verrichten. Und man *muß* sie verrichten, um all diese falschen, von Pessimismus und Mutlosigkeit bestimmten Ansichten über Alter und Krankheit abwerfen zu können.

Zu allen Zeiten gab es solch falsche Überzeugungen, die allgemein akzeptiert wurden, bis ein einzelner Mensch kam und bewies, *daß* sie falsch waren. Jahrhundertelang glaubten zum Beispiel die Menschen, die Erde sei flach, bis Kolumbus und andere bewiesen, daß das nicht stimmte. Und es vergingen noch weitere Jahrhunderte, bevor die Brüder Montgolfier beweisen konnten, daß die Vögel nicht die einzigen Geschöpfe sind, die fliegen können.

Schon immer haben also falsche Überzeugungen das Leben der Menschen regiert, bis sie durch eine richtige Erkenntnis widerlegt wurden. Nun ist es an der Zeit, ein weiteres Dogma zu überwinden – den Glauben an das Alter, genauer: das Altern –, damit anstelle des falschen Vorurteils, das uns in die Irre führt, die Wahrheit den Weg weisen kann.

Zuallererst müssen Sie sich mit der Funktionsweise Ihres Denkens, Fühlens und Handelns – und der Bedeutung des Unterbewußtseins – vertraut machen; dann werden Sie allmählich erkennen, wie solche falschen Informationen Ihre Ansichten und Einstellungen und damit auch ihre Gewohnheiten geprägt haben. Ihr Leben besteht zu fünfundneunzig Prozent aus festen, eingefahrenen Gewohnheiten, die Sie nur wenig oder gar nicht unter Kontrolle haben – solange Sie sie nicht als solche erkennen und bewußt darangehen, sie zu ändern.

Erkennen und Handeln

Durch diese beiden hauptsächlichen Faktoren also – Erkennen und Handeln – können Sie Ihr Leben und Ihre Zukunft zu dem machen, was Sie wollen. Die Regeln, die Sie befolgen müssen, um den »Unrat« aus Ihrem Unterbewußtsein zu entfernen, sind überraschend einfach. *Beharrlichkeit* ist wirklich das einzige Geheimnis dabei, denn soviel ist gewiß: Es wird Zeiten der Entmutigung geben, in denen Sie nicht so rasch vorwärtskommen, wie Sie es gern hätten. Das Wissen darum, wie der menschliche Geist funktioniert, ist dann eines der Mittel, um die Trägheit, die in solchen Fällen auftreten kann, zu überwinden.

Einer meiner Studenten geriet auch in eine solche Phase der Entmutigung, war aber in der Lage zu erkennen, daß das nur einer der Streiche war, die uns das Unterbewußtsein von Zeit zu Zeit spielt. Er verdoppelte seine Anstrengungen, überwand sehr rasch seine Trägheit und errang schließlich einen außergewöhnlichen Erfolg. Wenn Sie merken, daß sich trotz Ihrer ernsthaften Bemühungen eine ganze Weile lang nichts tut, werfen Sie nicht gleich die Flinte ins Korn! Meine Studenten haben immer wieder entdeckt, daß es nicht an den Übungen selbst lag, wenn sie ihr Ziel nicht erreichten, sondern oftmals einfach nur daran, daß sie einen kleinen, aber wichtigen Schritt übergangen hatten.

Sie sind dabei, ein geistig-psychisches Gesetz wirksam werden zu lassen, das ganz genauso anwendbar ist wie jedes andere Naturgesetz auch.

Wenn Sie zum Beispiel einen Samen in die Erde stecken, müssen Sie ihm die richtigen Lichtverhältnisse, Wasser und Nährstoffe geben, damit er keimt. Versäumen Sie es dann etwa, ihn zu gießen, nützt es überhaupt nichts, den Mut zu verlieren; das einzige, was helfen kann, ist Wasser.

Ganz genauso verhält es sich mit den Gesetzen des Geistes. Sie funktionieren immer, wenn sie nur richtig angewandt werden; und wenn Sie den Trick kennen, können Sie diese Gesetze aktivieren, ganz genau so, wie wenn Sie einen Samen in die Erde setzen: Sie würden ihn in geeigneten Boden pflanzen, ihm die richtige Menge an Feuchtigkeit und Licht geben, und Sie würden ein gewisses Quantum an Geduld oder Vertrauen aufbringen und warten, bis sich das erste Resultat Ihrer Bemühungen zeigt – ein winzig kleiner grüner Keim.

Vergessen Sie es nie: In diesem Fall sind Sie selbst das wirkende Gesetz.

Pflanzen Sie Ihr Ziel in Ihr Unterbewußtsein!

Die Gesetze der Natur und die Gesetze des menschlichen Geistes funktionieren auf gleiche Weise. Wenn Sie ein Ziel, das dem Samen entspricht, in den Nährboden Ihres Unterbewußtseins pflanzen, müssen Sie es durch bestimmte Maßnahmen unterstützen, die in den späteren Kapiteln dieses Buches ausführlich beschrieben und erklärt werden; und dann müssen Sie Geduld und Vertrauen aufbrin-

Pflanzen Sie Ihr Ziel in Ihr Unterbewußtsein! 33

gen, bis Sie die allererste winzige Veränderung an sich merken.

Wenn das Ziel oder die Veränderung, die Sie anstreben, zum Beispiel darin besteht, das vorzeitige Altern aufzuhalten, dann müssen alle drei Aspekte des Menschen – der körperliche, der geistig-seelische und der spirituelle – verändert werden.

Sie sind als Person eine Ganzheit – nicht nur körperlich oder nur geistig-seelisch oder nur spirituell, sondern eine Kombination dieser drei, die erst ein vollkommenes Ganzes ausmachen; deshalb werden Sie auch auf allen drei Ebenen operieren müssen. Bewußte, willentliche Tätigkeiten brauchen jedoch nur auf der physischen und der geistig-seelischen Ebene ausgeführt zu werden; die spirituellen Ergebnisse werden von selbst folgen. Aber behalten Sie stets im Sinn, daß Sie beträchtlich mehr sind als Körper oder Gefühle oder Geist. Ihr wahres Wesen ist etwas so Mächtiges, daß Sie sich wahrscheinlich einstweilen keinen Begriff davon machen können; wenn Sie aber diesen Grundsätzen entsprechend vorgehen, werden Sie allmählich einen ersten Einblick in Ihre wahre Natur bekommen.

Und nun wollen wir uns die inneren Mechanismen Ihres Unterbewußtseins einmal näher anschauen.

3
Die inneren Mechanismen Ihres Denkens und Fühlens

Wie funktioniert der menschliche Geist, wie wirken die Kräfte der Psyche, welche Rolle spielt das Unterbewußtsein?

Diese Frage hat lange Zeit das Interesse der Forscher gefesselt, konnte allerdings erst in jüngerer Zeit einigermaßen zufriedenstellend beantwortet werden. Es war, wie schon gesagt, die Erfindung des mittlerweile jedem Kind bekannten Computers, die einiges Licht in dieses Problem gebracht hat.

Es ist wirklich paradox, daß der Mensch erst eine Maschine erfinden mußte, um dann festzustellen, daß sein eigener Geist weitgehend nach denselben Prinzipien wie diese funktioniert! Natürlich ist der menschliche Geist unvergleichlich komplizierter als jeder bislang konstruierte Computer; er besitzt zudem etwas, das ein elektronischer Rechner niemals haben wird, nämlich Bewußtsein seiner selbst: Sie sind sich – anders als jede Maschine – dessen bewußt, daß Sie *Sie* sind.

Sie besitzen also einen schier unbezahlbaren Computer mit sämtlichen Funktionen und Fähigkeiten des allermodernsten Gerätes, und er befindet sich in Ihrem Kopf und wartet nur darauf, von

Ihnen benutzt zu werden. Doch das ist noch nicht alles: Darüber hinaus verfügen Sie auch über Kreativität, Vorstellungskraft und das Vermögen zur Selbstentfaltung – etwas, das kein Computer jemals besessen hat. Ihre mentalen Fähigkeiten haben nämlich zudem eine psychische Dimension und einen unvergleichlich potenteren Speicher: das Unterbewußtsein.

Gewohnheiten sind einprogrammiert

Vergessen Sie aber nicht, daß Gewohnheiten – die Denk- und Verhaltensmuster, die den größten Teil Ihres Lebens ausmachen – weitgehend genauso automatisch ablaufen wie ein Computerprogramm: Sie verschwenden normalerweise keinen einzigen Gedanken an etwas, das Sie aus Gewohnheit tun.

Ihre Angewohnheiten sind in der unterbewußten Ebene Ihres Geistes verankert und können deshalb an Ihrem bewußten Willen vorbei ablaufen. Nehmen wir zum Beispiel an, Sie haben die Angewohnheit, an Ihren Nägeln zu kauen. Haben Sie sich je bewußt dazu *entschlossen?* Natürlich nicht; wahrscheinlich merken Sie nicht einmal, daß Sie es gerade tun.

Erkennen Sie jetzt, wie Ihre Gewohnheiten Sie beherrschen? Können Sie sich da vorstellen, wie sehr gerade Ihre negativen Denkgewohnheiten Sie gefangenhalten und Sie zum Sklaven Ihrer selbstgeschaffenen geistigen Zwänge machen können?

Sie brauchen aber nur die richtigen Ziele zu wäh-

len und die richtigen Maßnahmen zu ergreifen, und
Sie können alles haben, alles sein und alles tun, was
Sie nur wollen. Ich kann Ihnen zwar nicht verspre-
chen, daß es auch immer leicht zu verwirklichen
sein wird, aber der Vorgang selbst ist tatsächlich
äußerst einfach: Erst setzt Ihr Bewußtsein ein Ziel,
dann unternehmen Sie die geeigneten Schritte, und
schon drei Wochen später haben Sie eine neue –
diesmal frei gewählte – Angewohnheit. Entscheiden
Sie sich mit diesem Buch für das Ziel *»jugendliche
Reife«*, und wir werden auf dessen Verwirklichung
hinarbeiten.

Die grundlegenden Schritte

Zu diesem Weg gehören, grob gesprochen, fünf
grundlegende Schritte, die jeder für sich unerläßlich
sind und darüber hinaus in einer ganz bestimmten
Reihenfolge erfolgen müssen. Ich werde sie hier lediglich aufzählen; die ausführliche Beschreibung
und Diskussion können Sie dann in späteren Kapiteln lesen:

Der *erste* und vielleicht sogar wichtigste Schritt ist
Verlangen: Sie müssen etwas tun wollen, damit
überhaupt etwas geschieht, und je intensiver Ihr
Verlangen danach ist, desto schneller werden Sie
Ihr Ziel erreichen. Die Wichtigkeit dieses Punktes
veranschaulicht folgende Geschichte:
   Ein Schüler wandte sich an einen Philosophen
und bat ihn um Belehrung; mehr als alles andere

auf der Welt begehre er Wissen. »Ich verstehe«, sagte der Philosoph, führte den Schüler zu einem Fluß und tauchte ihn vollständig unter Wasser. Sehr rasch ging dem Schüler die Luft aus, und er machte immer wildere Anstrengungen, den Kopf aus dem Wasser zu heben, doch erst nach einer ganzen Weile ließ ihn der Weise endlich los. Nach Luft schnappend und verwirrt ob dieser Behandlung, fragte er den Meister, was er damit bezweckt habe. Der Philosoph fragte ihn dagegen, was sein größter Wunsch gewesen sei, während er sich unter Wasser befand. Der Schüler erwiderte, daß er natürlich vor allem anderen habe atmen wollen. Da nickte der Weise und sprach: »Wenn du nach Wissen ebenso stark verlangen wirst, wie es dich nach Luft verlangt hat, dann wird es dir auch zuteil werden.«

Je größer also Ihr Verlangen nach etwas ist, desto schneller werden Sie es erreichen. Wahrscheinlich verspüren Sie dieses Verlangen nach Jugendlichkeit schon jetzt, sonst würden Sie dieses Buch nicht lesen.

Der *zweite* Schritt besteht darin, *sich ein Ziel zu setzen.* Das erfordert wiederum eine ganz bestimmte Abfolge von Unterschritten, von Maßnahmen, die in einer genauen Reihenfolge getroffen werden müssen.

Drittens müssen Sie sich die große *schöpferische Kraft* Ihres Unterbewußtseins, also die Phantasie oder geistige Bildkraft, Kreativität und Imagination, zunutze machen und Sie richtig anwenden.

Die grundlegenden Schritte

Der *vierte* Schritt ist die Anwendung der *Spiegel-technik,* die Ihnen überhaupt erst das Gefühl vermitteln wird, daß Sie es *verdienen,* auf unbestimmte Zeit hinaus jung zu bleiben. Viele Menschen haben nämlich die unbewußte Überzeugung, daß sie es nicht wert sind, Großes und Wunderbares zu erreichen. Solche Menschen sind sich selbst der schlimmste Feind.

Eine Teilnehmerin an meinem Seminar zum Thema »Denken Sie sich jung – so bleiben Sie jung!« erfuhr diese Tatsache am eigenen Leib, als sie bei gewissen Übungen regelmäßig auf Schwierigkeiten stieß. Jedesmal, wenn sie sich daranmachen wollte, ihre Ziele aufzuschreiben oder die Spiegeltechnik durchzuführen, schien ihr etwas in die Quere zu kommen, gab es immer die eine oder andere Sache, die sie noch für ihre Kinder oder ihren Mann erledigen mußte und sie daran hinderte, sich in Ruhe hinzusetzen und etwas für sich selbst zu tun. Die Regelmäßigkeit und Häufigkeit dieser Zwischenfälle machten sie schließlich stutzig, und sie sah sich gezwungen, eine kleine Gewissensprüfung anzustellen. Und nun erkannte sie, daß es nichts als ihre niedrige Meinung von sich selbst war, die sie unbewußt zwang, ihre eigenen Gefühle und Wünsche vollkommen hintanzustellen, um sich selbst überhaupt akzeptieren zu können. Deshalb war sie auch ständig frustriert, weil sie nie dazu kam, die Ziele zu verfolgen, die ihr persönlich am Herzen lagen; denn bis sie all ihre Hausfrauen- und Mutterpflichten erledigt hatte, war sie entweder zu müde oder es war schon zu spät, um noch etwas anderes anzufangen.

Durch das Seminar erkannte sie zu guter Letzt, daß man ihr als Kind die Überzeugung anerzogen hatte, eine Ehefrau und Mutter müsse vor allem an ihre Familie denken und erst dann an sich selbst. Das ist natürlich eine wunderbare Einstellung, wenn man sich dadurch erfüllt und zufrieden fühlt; diese Studentin hätte aber auch ganz gern ein bißchen Zeit für sich selbst gehabt, und das war es, was ihre Frustrationen verursachte. Erst als ihr Selbstwertgefühl gestärkt wurde, konnte sie sich täglich ein bis zwei Stunden für ihre eigenen Interessen gönnen, ohne daß das Unterbewußtsein ihr sofort wieder solche Streiche spielte.

Solche geistigen Fußangeln gibt es viele, und oft ist es wirklich nicht leicht herauszufinden, was Ihre wirklichen Wünsche und was Einbildungen sind. Deshalb müssen Sie diese »kleinen Füchse« entdecken und fangen, die Ihnen sonst die »Weinberge des Geistes verwüsten« (Das Hohelied Salomos 2,15).

Ein interessantes Beispiel hierfür fand sich in einem meiner letzten Schlankheitskurse. Ein Teilnehmer war sehr übergewichtig und wollte seine überflüssigen Pfunde loswerden. Das war es jedenfalls, was er bewußt dachte; doch als er sich in eine Entspannungsübung vertiefte, kamen seine wirklichen, unbewußten Wünsche an die Oberfläche.

Eine der Aussagen, die man sich während dieser Übung wiederholen mußte, lautet: »Mir schmecken jetzt nahrhafte, aber kalorienarme Speisen, und die Hälfte von dem, was ich früher aß, reicht mir jetzt vollkommen aus.« Genau an dieser Stelle mußte

Die grundlegenden Schritte

der Teilnehmer plötzlich heftig husten und niesen, und mit seiner Entspannung war es natürlich vorbei. Er hatte noch fünfmal dieselbe Reaktion, bis er schließlich selbst erkennen mußte, daß er in Wirklichkeit gar nicht auf seine üppigen Mahlzeiten verzichten wollte: Tatsächlich wollte er einfach so weiterschlemmen wie bisher!

Wenn die Erfüllung Ihrer Wünsche und Ziele scheinbar immer wieder von außen vereitelt wird, müssen Sie sehr sorgfältig nach den wahren Ursachen Ausschau halten. Fragen Sie sich an diesem Punkt:»Was hält mich davon ab, mein Ziel zu erreichen?« Erforschen Sie Ihre Seele; denken Sie an Ihre frühe Kindheit zurück. Die Ursache liegt fast immer in Ihrem Inneren, auch wenn es häufig, wie in den zwei genannten Fällen, so aussieht, als ob äußere Einflüsse vorlägen. Ihr eigener Geist kann Ihr schimmster Feind sein, wenn er negativ programmiert ist und solange Sie diese negativen, falschen Konditionierungen nicht rückgängig machen, die in neun von zehn Fällen aus Ihrer Kindheit stammen. Und damit haben wir auch schon den *fünften* Punkt erreicht:

Die tiefe *Entspannung* ist eine der wichtigsten Maßnahmen überhaupt, denn es gibt keinen anderen Weg, um in die tieferen Schichten Ihres Unterbewußtseins zu gelangen. Sie müssen Ihr Unterbewußtsein erreichen, und zwar nicht nur, um so viele »kleine Füchse« wie möglich an die Oberfläche zu bringen, sondern auch, um Ihre einprogrammierten negativen Denkmuster durch positive zu ersetzen.

Sie sind als Kind auf diese Weise – über das Unterbewußtsein – konditioniert worden, also müssen Sie
genau dieselbe Methode anwenden, um positive
Veränderungen zu erzielen.

Das sind einfache Techniken, die eine umwäl-
zende Veränderung in Ihrem Leben bewirken können und – bei richtiger Anwendung – auch bewirken werden.

Arbeiten Sie mit dem ganzen Menschen!

Sie sind ein ganzheitlicher Mensch, also müssen Sie
auch mit dem ganzen Menschen arbeiten: mit
Ihrem physischen Körper, mit Geist und Gefühlen
sowie mit Ihrer Spiritualität. Sie werden Ihr Ziel
niemals erreichen, solange Sie nur den Körper
durch eine bestimmte Diät und durch Bewegungs-
übungen in Form halten; oder nur Ihren Geist dazu
benutzen, sich jugendlich zu denken; und selbst
dann nicht, wenn Sie das spirituelle Prinzip erfahren und erkennen, daß Sie ursprünglich zu bestän-
diger Jugend bestimmt waren.

Unsere Welt ist eine materielle und geistige Welt,
die von spirituellen Prinzipien gelenkt wird; also
müssen wir bei unserem Plan auch diese drei
Aspekte des Lebens berücksichtigen. Man könnte
dies mit einem dreibeinigen Hocker vergleichen:
Wenn ein Bein fehlt, kann der Hocker nicht stehen;
und wenn Sie sich nicht auf alle drei Aspekte des
Lebens stützen, kippen Sie unweigerlich um – ins
Altwerden.

Arbeiten Sie mit dem ganzen Menschen!

Das Unterbewußtsein kontrolliert im wesentlichen alle vom Willen unabhängigen vegetativen Körperfunktionen, wie Verdauung, Atmung, Herztätigkeit und so weiter, und ist der Sitz unserer Emotionen und Erinnerungen. Deshalb schiene die richtige Vorgehensweise die zu sein, daß das Bewußtsein den Entschluß faßt oder das Ziel setzt und das Unterbewußtsein die unwillkürlichen Körperfunktionen veranlaßt, auf die Verwirklichung hinzuarbeiten.

Aufgrund Ihrer frühkindlichen negativen Prägung aber funktioniert die Sache leider nicht ganz so einfach. Ihr Bewußtsein erkennt zwar den Wunsch und faßt einen Entschluß, doch das Unterbewußtsein steckt das Ziel selbsttätig entsprechend dem in ihm abgelagerten »Unrat«; und bevor Sie merken, was passiert, tun Sie etwas Ihrem Wunsch diametral Entgegengesetztes. Das geschieht sehr häufig, wenn Sie etwa versuchen, das Rauchen aufzugeben oder abzunehmen. Der Wunsch nach Erlangung solch positiver Angewohnheiten wie Nichtrauchen oder mäßiges Essen kann noch so stark sein: das negative Programm im Unterbewußtsein hält dennoch viele Menschen davon ab, diese bewußten Ziele zu verwirklichen. Die einzige Art, mit diesem Problem fertig zu werden, besteht darin, den »Unrat« zu beseitigen.

Bestimmte in Ihrem Unterbewußtsein angelegte Denk- und Verhaltensmuster, die sich automatisch in festverankerten Gewohnheiten auswirken, sind tief in die Zellen Ihres Gehirns eingeprägt. Da aber unser Programm im wesentlichen darauf aufbaut, daß bestimmte Gewohnheiten durch bestimmte andere ersetzt werden, müssen Sie *bewußt* anfangen, diese Muster oder »Engramme« zu ändern, bevor Sie überhaupt mit irgendwelchen Ergebnissen rechnen können. Engramme sind nämlich im zentralen Nervensystem hinterlassene komplexe Gedächtnisspuren eines Reizes oder Erlebnisses, die dessen geistige Reproduktion zu einem späteren Zeitpunkt ermöglichen. Die Engramme in Ihren Gehirnzellen, die den sogenannten Alterungsprozeß betreffen, sind sogar ganz besonders tief eingeschnitten – so tief, daß sie nahezu die Struktur Ihres Wesens ausmachen.

Die Zeit hat keine Macht

Spätestens hier müssen Sie von einigen Vorstellungen Abschied nehmen, die Sie bislang für die selbstverständlichsten Wahrheiten überhaupt gehalten haben. Vergessen Sie, daß man Ihnen beigebracht hat, die Welt und die meisten Sachen und Lebewesen seien so und so beschaffen, *gleichgültig, was Sie von ihnen denken.* Versuchen Sie jetzt einfach, sich auf den folgenden Gedanken einzulassen: Es spielt überhaupt keine Rolle, wie etwas »an sich« ist, sondern nur, wie *Sie* es betrachten und erleben!

Was Sie sich nun zuallererst einprägen müssen, ist, daß die Zeit eine Idee ist, und daß sie nur soviel Macht besitzt, wie Sie ihr verleihen. Wenn Sie auf den Kalender schauen und beklagen, daß Sie wieder ein Jahr älter geworden sind, verleihen Sie einer

Idee Macht. Der Kalender weiß ganz bestimmt nicht, seit wie vielen Jahren Sie schon auf der Welt sind; einzig und allein Sie wissen das und messen dieser Tatsache auch noch eine besondere Bedeutung bei. Denken Sie also nie, daß Sie älter werden: denken Sie von sich, daß Sie »neuer« werden! Das, woran Sie glauben, ist die einzige Macht, die in Ihrem Leben wirksam wird; und weil Glaube und Überzeugung geistige Kräfte sind, liegt auch die Macht beim Geist – bei Ihrem Geist, in Ihrem Unterbewußtsein. Der Glaube »versetzt Berge«, das heißt, er schafft Realitäten.

Der Geist beherrscht den Körper

Ihr Geist beherrscht Ihren Körper; Ihr Körper ist völlig außerstande, irgend etwas ohne Befehle des Geistes auszuführen. Das mag Ihnen wie eine Binsenweisheit vorkommen – zumindest solange Sie dabei an bewußte Befehle und willentliche Handlungen denken. Doch sind ja sehr zahlreiche und dazu noch lebensnotwendige Tätigkeiten Ihres Körpers – Herztätigkeit, Atmung, Stoffwechsel – durchaus nicht von Ihrem bewußten Willen abhängig und werden doch gleichermaßen von Ihrem Geist gelenkt, allerdings vom Unterbewußtsein.

Wenn es also Ihr Geist ist, der in allen Fällen Ihrem Körper sagt, was er zu tun hat, woraus setzen sich dann diese geistigen Funktionen zusammen? – Wenn man von einigen angeborenen »Programmen« und von eigenständiger kreativer Gedanken-

tätigkeit (und ihren psychischen Komponenten) ab-
sieht, nehmen gewohnheitsmäßige Reaktionen, Einstellungen und Überzeugungen, die man Sie in
Ihrer frühen Kindheit gelehrt hat, einen sehr großen Raum ein. Sie sind als Kleinkind damit konditioniert oder programmiert worden, und Sie waren
nicht imstande, sich selbst zu verbieten, gleichzeitig
mit dem Nützlichen auch eine ganze Menge falscher Informationen, schlechter Angewohnheiten
und negativer Überzeugungen zu verinnerlichen.

Eine der am tiefsten sitzenden Überzeugungen ist
die, daß man mit jedem Jahr und jedem Geburtstag
älter wird. An jedem Geburtstag hat man Sie gefragt: »Wie *alt* bist du denn heute geworden?«
Wenn einem diese Frage nur oft genug gestellt wird,
gewöhnt man sich daran zu glauben, daß man mit
jedem Jahr und jedem Geburtstag tatsächlich älter
und älter wird.

Die Körperzellen erneuern sich

Ihr Körper wird aber nicht jedes Jahr älter, ganz
einfach deswegen, weil fast jede Ihrer Körperzellen
(mit wenigen Ausnahmen – dazu gehören etwa die
Gehirnzellen) ständig erneuert wird. Es gibt nicht
eine einzige unter den sich reproduzierenden Zellen, die seit länger als sieben Jahren in Ihrem Körper wäre, gleichgültig wie alt Sie sind. Viele Forscher sind deshalb der Auffassung, daß der Körper,
als ein sich selbst nahezu vollkommen regenerieren-
des System, sich eigentlich über einen weitaus län-

geren Zeitraum hinaus weiter erneuern müßte, als es tatsächlich der Fall ist. Das Problem scheint also weniger ein physiologisches als ein kybernetisches zu sein, also mit einem Fehler in unserem Steuerungssystem zusammenzuhängen: Da unser Körper die grundsätzliche Fähigkeit zur Selbstverjüngung bereits nachweislich besitzt, ginge es nun darum, unseren Geist zu veranlassen, unbegrenzt lange diejenigen Befehle oder Steuercodes auszusenden, die es dem Körper *erlauben,* sich planmäßig zu regenerieren.

Mit anderen Worten: Durch unsere antrainierten falschen Überzeugungen und Ansichten haben wir unseren geistigen und körperlichen Selbsterneuerungsmechanismus behindert. Wir müssen also einerseits diese Tatsache auf der Ebene des Denkens erkennen und einsehen, damit sie unterbunden werden kann; und für den Körper gibt es andererseits bestimmte Nahrungsmittel, die die Zellen dabei unterstützen, sich mustergültig zu reproduzieren, und die es uns damit ermöglichen, die physiologischen Auswirkungen der ständig zunehmenden Umweltverschmutzung zu neutralisieren.

Dr. BENJAMIN S. FRANK aus New York City konnte im Rahmen seiner zwanzigjährigen Forschungen nachweisen, daß der Alterungsprozeß nicht nur verlangsamt, sondern auch aufgehalten und sogar umgekehrt werden kann. Über eines der auffälligsten Symptome des Alters schreibt er:

»Alternde Haut verliert ihre Elastizität und wird durch Verlust an Fett und Feuchtigkeit dünner. Falten und Runzeln auf Gesicht und Händen treten deutlicher hervor. Der Handrücken ist ein besonders deutlicher Anzeiger für das Alter: Er wird glänzend und ist sehr oft mit bräunlichen Pigmentflecken übersät. Warum finden diese Veränderungen statt? Weil die Zellen, die den Konstruktionsplan unterschiedlicher Organe enthalten, ermüdet und abgenutzt und somit nicht mehr imstande sind, die ererbten Muster aufrechtzuerhalten.«

Dieser Prozeß scheint davon abhängig zu sein oder zumindest dadurch stark gefördert zu werden, daß das Unterbewußtsein die Auffassung akzeptiert, daß man mit fünfzig, sechzig oder siebzig Jahren »alt« werden müsse – so wie von der Umweltverschmutzung, der wir vierundzwanzig Stunden am Tag ausgesetzt sind.

Das hört sich zwar ziemlich entmutigend an; aber durch bestimmte geistige Übungen, kombiniert mit körperlichen Aktivitäten und einer geeigneten Diät, sowie durch die ständige Erinnerung, daß wir auch spirituelle Wesen sind, können diese zwei Hauptursachen des Alterns mit einem erstaunlichen Erfolg bekämpft werden. So werden Sie imstande sein, den Alterungsprozeß zu verlangsamen, ihn aufzuhalten und ihn sogar buchstäblich umzukehren!

Viele Teilnehmer an unseren Seminaren haben bewiesen, daß es keineswegs unumgänglich notwendig ist, sich selbst zu gestatten, alt zu werden. Eine Seminarteilnehmerin bewies das nicht nur sich selbst, sondern auch ihrem Ehemann. Als sie mit dem Kurs anfing, war sie vierzig und sah fünfzehn

Die Körperzellen erneuern sich 49

Jahre älter aus. Ihre Kinder waren herangewachsen und waren nicht mehr im gleichen Maß wie früher auf sie angewiesen; und sie hatte nun keine Aufgabe und kein Ziel mehr im Leben. Sie fühlte sich zunehmend nutzlos und ließ es zu, daß sie immer mehr alterte. Im Verlauf des Seminars erkannte sie aber, daß niemand anderes als sie selbst dem Alter diese Macht über sie verliehen hatte.

Einige Monate nach Abschluß des Seminars kam ein Ferngespräch: Sie teilte mir mit, daß ihr Mann von ihrem jetzigen Aussehen begeistert sei und – wie er versicherte – noch bei keinem anderen Menschen jemals eine derartige Veränderung festgestellt habe! Er selbst sei jetzt auch dabei, die in diesem Buch beschriebenen Techniken anzuwenden, und mache bereits beträchtliche Fortschritte.

Lassen Sie uns also die falschen Überzeugungen und Einstellungen ausmerzen, die Sie bis zum heutigen Tage immer älter werden ließen! Lassen Sie sich auch von wertvollen Büchern bei Ihren Bemühungen geistig unterstützen, so etwa: *»Kraftquelle Mentaltraining – Eine umfassende Methode, das Leben selbst zu gestalten«* von KURT TEPPERWEIN, Ariston Verlag, Genf 1986, und *»Die Macht Ihres Unterbewußtseins – Das große Buch innerer und äußerer Erfahrung«* von Dr. JOSEPH MURPHY, Ariston Verlag, Genf 1987 (38. Auflage).

4
Zerbrechen Sie die Ketten des Alters!

Daß Sie alt werden *müssen,* ist ein Märchen – ein Märchen, das Sie bislang für Wahrheit gehalten haben; und das, was Sie gezwungen hat, es für wahr zu halten, ist eine Kette von anderen solch angeblicher Wahrheiten, die Sie im Laufe Ihres bisherigen Lebens, aber größtenteils während Ihrer Kindheit, in Ihr Unterbewußtsein haben eindringen und sich dort festsetzen lassen. Ihr ganzes Leben wird davon regiert und eingeengt.

Denken Sie einmal ernsthaft nach: Wieviel von dem, was Sie für wahr zu halten gewöhnt sind, ist das auch nachweislich? Wie viele Ihrer »Wahrheiten« haben Sie denn jemals versucht, durch eigene Erfahrungen zu überprüfen? Und müssen Sie nicht ehrlich zugeben, daß Sie sogar an Wertvorstellungen oder Lebensgewohnheiten, von denen Sie wissen, daß sie in anderen Ländern oder Erdteilen als falsch, schlecht oder häßlich angesehen werden, also strenggenommen gar keine Wahrheiten sein *können,* mit genau derselben Überzeugung hängen, und daß Sie mit derselben Selbstverständlichkeit Ihr Leben nach ihnen ausrichten?

»Wahrheiten« können Illusionen sein!

Viele sogenannte Wahrheiten, auf denen unser Leben scheinbar so fest gegründet steht, sind in Wirklichkeit nichts als Treibsand oder Wanderdünen, die ihre Gestalt im Wind der Zeit verändern. Konkret gesprochen: Viele dieser Wahrheiten sind in Wirklichkeit nur Ansichtssache, Meinungen, Überzeugungen, gesellschaftliche Konventionen, religiöse Gebote und private, eher zufällig enstandene frühkindliche Prägungen. Das heißt aber, daß die Zwangsjacke, die Sie sich selbst angezogen haben, lediglich aus den Einflüsterungen besteht, durch die wir alle von der Welt und der Gesellschaft, in der wir leben, ununterbrochen beeinflußt werden.

Sobald Sie diese Tatsache bewußt wahrnehmen, kann sie auch geändert werden. Erkennen Sie, daß die meisten Beschränkungen, denen Sie sich freiwillig unterworfen haben, nicht nur falsch sind, sondern jetzt, in *diesem* Augenblick, gesprengt werden können!

Es ist ein spiritueller Grundsatz, an den viele Menschen glauben, daß Gott »den Menschen zu seinem Bilde schuf«, und daß er nichts geschaffen hat, was nicht vollkommen wäre. Wenn auch Sie diese Prämisse akzeptieren, wie können Sie dann den Umstand erklären, daß Sie alt oder krank werden, daß unser ganzes Leben von Depressionen, andauernden Sorgen und Ängsten bestimmt ist? Können Sie im Ernst glauben, daß Gott – der Weltgeist, das universale Leben, nennen Sie es, wie Sie wollen – einen Fehler begangen hat? Wohl kaum! Die meisten von uns werden sich hierüber einig sein. Und irgendeinen mythischen Teufel dafür verantwortlich zu machen, bedeutet, wenn wir ehrlich sind, letzten Endes ja auch nur, Gott auf Umwegen den Schwarzen Peter zuzuschieben. Wir müssen also der Tatsache ins Auge sehen, daß es anscheinend unsere eigenen Fehler, falschen Ansichten, aus Bequemlichkeit nicht hinterfragten Meinungen sind, die die meisten Probleme in unserem Leben verursachen.

Das Problem liegt in uns selbst

Wenn wir bereit sind, den Gedanken anzuerkennen, daß das Problem in uns selbst liegt, dann geht es nur noch darum, uns selbst innerlich zu ändern. Wenn das Problem primär von unserer äußeren Umgebung, von der »objektiven« Außenwelt verursacht wäre, gäbe es kaum eine Rettung, denn *daran* können wir nicht viel ändern. Ändern Sie aber Ihr Bewußtsein, verändern Sie automatisch auch Ihre ganze Welt!

Der erste Schritt zur Überwindung des Märchens, daß wir altern müssen, besteht dementsprechend ganz einfach darin einzusehen, daß das überhaupt nicht stimmt! Sie *müssen* gar nicht alt werden, außer Sie entschließen sich – bewußt und unbewußt – dazu.

Zweitens müssen Sie anfangen, alle Ihre falschen Ansichten über den sogenannten Prozeß des Altwerdens bewußt und planmäßig auszulöschen. Tun

Sie dies jeden Morgen als allererstes, direkt nach dem Aufwachen; den ganzen Rest des Tages über werden Sie mit falschen Meinungen und Behauptungen bombardiert werden, die Sie dann unweigerlich wieder in den Sumpf des Glaubens ans Altern stoßen – außer Sie sind sich dieses Mechanismus *vollkommen bewußt.* Das ist das Geheimnis dabei: Sich vollkommen bewußt zu sein. Es reicht nicht aus, dieses Buch zu lesen und sich dabei zwei- oder dreimal zu sagen: »Die Idee gefällt mir; ich will sie mir zu Herzen nehmen.« Nein, Sie müssen täglich daran arbeiten, den ganzen Tag über, und dabei ununterbrochen das Bewußtsein haben, *daß* Sie es tun.

Eine geistige Übung

Sie müssen also jeden Morgen als erstes, noch bevor Sie aus dem Bett steigen, Ihren Geist dazu erziehen, sich künftig zu weigern, die landläufigen Vorstellungen über das Altern zu akzeptieren. Während Sie allmählich wach werden, sagen Sie zu sich selbst:

»Nichts kann von außen in meinen Geist eindringen, weil der Geist ein Werkzeug ist, dessen ich mich bediene, und nicht eines, dessen sich andere Menschen oder gar die gesellschaftlichen Vorurteile bedienen. Mein Geist ist ein Werkzeug, das mir ganz genauso wie mein Körper zur Verfügung steht.

Ebenso wie ich meinen Körper pflege, pflege ich auch mein Denken und Fühlen und halte es frei

Eine geistige Übung 55

von den gängigen falschen Ansichten über das Altern. Ich gestatte es nicht, daß mein Bewußtsein und mein Unterbewußtsein von äußeren Einflüssen – Einflüsterungen, Meinungen und Theorien – mißbraucht werden. Ich mache meinen Geist zu einem Instrument der Wahrheit und nur der Wahrheit.

Ich erkenne, daß das Alter nur ein Vorurteil ist, und ich weigere mich, dieses Vorurteil zu akzeptieren. Ich entscheide mich dafür, alterslos zu sein!«

Sagen Sie sich das jeden Morgen, bevor Sie aufstehen, und abends als letzten Gedanken vor dem Einschlafen. Vielleicht werden Sie schon nach ein paar Tagen merken, daß Sie diese Worte sogar im Schlaf noch wiederholen. Immer wieder haben Kursteilnehmer erzählt, daß sie mitten in der Nacht aufgewacht sind und ihnen dabei diese Worte immer noch durch den Kopf gingen. Wenn das der Fall ist, wissen Sie, daß Ihr Unterbewußtsein begonnen hat, mit Hilfe dieser Worte positiv zu arbeiten; es wird dann nur noch eine kurze Zeit dauern, bis Ihre falschen Vorstellungen über das Altern restlos beseitigt werden.

Ein Experiment, daß vor einigen Jahren durchgeführt wurde, veranschaulicht sehr gut, in welchem Ausmaß es möglich ist, das Unterbewußtsein zu beeinflussen, ohne daß man es merkt und gegen den eigenen Willen.

Während einer Kinovorstellung blitzte immer wieder ein Text auf der Leinwand auf, der die Zuschauer aufforderte, Popcorn zu kaufen. Obgleich die Worte jeweils nur für den Bruchteil einer Sekunde erschienen, also viel zu kurz, um überhaupt bewußt wahrgenommen zu werden, prägten sie sich doch ins Unterbewußtsein ein. Folglich stieg während der Pause der Verkauf von Popcorn beträchtlich an. Anschließende Befragungen ergaben, daß keine der Testpersonen sich irgendeiner Beeinflussung bewußt geworden war – und daß alle glaubten, sie seien von selbst auf die Idee gekommen! So etwas nennt man eine »unterschwellige Botschaft«, und sie funktioniert, ohne daß man etwas davon merken oder dagegen unternehmen könnte.

Unglücklicherweise arbeitet die Werbung in den Massenmedien oft mit sehr ähnlichen Methoden. Das ist auch einer der Gründe, weshalb Sie eine ganze Menge an falschen Vorstellungen und sonstigen »Unrat« geistig gespeichert haben; und wenn Sie nichts gegen diese Meinungen unternehmen, liefern Sie sich ihnen wehrlos aus.

Frieren Sie Ihr Alter ein!

Die oben beschriebene einfache Übung wird Sie, wenn sie jeden Morgen und Abend durchgeführt wird, vor den Auswirkungen jeder unterschwelligen Wahrnehmung schützen. Die zweite sehr wichtige Folge dieser geistigen Übung ist, daß sie mit dazu beiträgt, Ihr Alter auf den jetzigen Stand *einzufrieren*. Sobald Sie beginnen, sich jeden Morgen und Abend diese Worte zu wiederholen und bewußt anzuerkennen, wird Ihr Alterungsprozeß in seinem psychisch bedingten Aspekt nicht weiter fortschreiten. Die Hauptsache aber ist: Sie müssen sich dessen bewußt sein, was Sie tun; dann halten Sie Ihren Geist im Zaum, und nicht mehr er Sie.

Eine Studentin von mir erzählte, sie sei früher regelmäßig mit einem negativen oder deprimierten Gefühl aufgewacht, bis sie schließlich anfing, diese Übung durchzuführen. Anfangs erwartete sie, wenn sie die Augen aufschlug, auch nur einen weiteren trostlosen Tag; als sie dann aber begann, die Übung mehrmals hintereinander zu wiederholen, und die Worte nach und nach in die tieferen Schichten ihres Geistes sanken, konnte sie bald deutlich spüren, wie sich die negativen Empfindungen allmählich von ihrer Seele lösten; und wenn Sie die Übung beendet hatte, stand sie mit einem freudigen und zufriedenen Gefühl auf.

Es ist durchaus möglich, daß Sie in der Anfangsphase keine Glücksgefühle verspüren. Man braucht mindestens einundzwanzig Tage, um sich die einfachste Angewohnheit zuzulegen; und genau das ist es ja, was Sie durch diese Übung bewirken: Sie verwandeln eine schlechte Angewohnheit in eine gute. Seien Sie also geduldig und machen Sie einfach weiter, bis Sie die erste Veränderung in Ihren Gefühlen bemerken.

Der nächste wichtige Schritt, nachdem Sie Ihr Alter eingefroren haben, ist, es dauerhaft zu konservieren. Sie erreichen das durch die Erkenntnis, daß Sie ein ganzheitlicher Mensch sind, also ein physisches, geistig-seelisches und spirituelles Wesen. Die Kapitel sechs, sieben und acht dieses Buches befassen sich mit der physischen Ebene. Es ist immer am einfachsten, damit anzufangen, weil körperliche Fortschritte sich sehr schnell einstellen und vor allem leicht überprüft werden können. Die geistigen Übungen sind eher abstrakt, und um erkennen zu können, wie wichtig sie sind, muß man erst eine klare Vorstellung davon haben, wie der menschliche Geist funktioniert.

Die spirituelle Ebene wird schon für sich selbst sorgen, denn sie ist immer gegenwärtig; daß sie bislang nicht zum Vorschein kam, lag einzig an den negativen Gedanken und Gefühlen, die Ihren Geist ständig beschäftigt hielten. Es ist wie bei einem Fenster, das jahrelang nicht geputzt wurde: Solange die Fensterscheiben nicht klar und sauber sind, ist es unmöglich, in das Innere des Hauses zu schauen; in dem Augenblick aber, indem Sie beginnen, Ihr Denken und Fühlen zum Positiven zu verändern, wird auch Ihre Spiritualität allmählich anfangen durchzuscheinen. Machen Sie sich also vorerst keine Gedanken darum!

Bevor wir uns aber der körperlichen Ebene zuwenden, lassen Sie mich noch ein wenig auf die Auswirkungen des negativen Denkens eingehen!

5
Denken Sie richtig!

Was ist die eigentliche Ursache, wenn sich die ersten Falten auf Ihrem Gesicht zeigen, das Gewebe erschlafft, die Haut sich mit Pigmentflecken überzieht und dergleichen mehr mit Ihrem Körper geschieht? Schieben Sie es nicht auf »die Zeit«! Machen Sie sich bewußt, daß es sich bei diesen sogenannten äußeren Anzeichen des Alters oft nur um die Auswirkungen Ihrer – meist unbewußten – negativen Gedanken handelt. Was der Geist denkt, offenbart sich früher oder später an Ihrem Körper.

Schauen Sie sich an!

Betrachten Sie sich sehr gründlich im Spiegel: Was Sie sehen, ist tatsächlich die direkte äußere Auswirkung dessen, was Ihr Geist ein Leben lang gewohnheitsmäßig getrieben hat.

Sollten Sie bisher gewöhnlich den *größten* Teil des Tages mit Sorgen, Ängsten, Mißgunst, Groll, kurz: mit negativen Gedanken gleich welcher Art zugebracht haben, dann wird sich das früher oder später auch an Ihrem Gesicht und Ihrem ganzen Körper ausdrücken. Wohlgemerkt: wenn es sich um den *größten Teil* des Tages handelt! Sich hin und wieder Sorgen zu machen oder negative Gedanken zu haben, schadet nichts. Niemand ist schließlich vollkommen.

Es ist äußerst wichtig, daß Sie Ihre Seele erforschen und dabei ganz und gar ehrlich zu sich selbst sind. Fragen Sie sich: »Verbringe ich normalerweise den größten Teil des Tages mit negativen Gedanken?«

Beispiele für negatives Denken gibt es sicherlich in Ihrer Umgebung genug. Schauen Sie sich Ihre Freunde, Verwandten und Nachbarn einmal an. Wer von ihnen redet immer nur von seinen Ängsten, Sorgen, Depressionen? Sie können sicher sein: Früher oder später werden sich die wirklichen, unbewußten Ursachen für solche Reden in Form von psychosomatischen Krankheiten wie Magengeschwüren, chronischen Kopfschmerzen, Arthritis, Asthma und so weiter manifestieren. Das soll natürlich nicht heißen, daß jede dieser Krankheiten grundsätzlich und ausschließlich von falschen Gedanken verursacht wird; doch bei einem großen Prozentsatz der Fälle ist negatives Denken durchaus die unmittelbare Ursache.

Eine Frau hatte jahrelang einen tiefen Groll mit sich herumgetragen, was für jeden – außer für sie selbst – völlig offensichtlich gewesen war. Dieses Gefühl brach zu guter Letzt in Form von Arthritis hervor, und zwar in einer so schweren Form, daß sie dadurch an den Rollstuhl gefesselt wurde. Das seltsame dabei war, daß, obwohl ihre ganze Familie den Fall vollkommen klar sah, sie selbst sich ihrer negativen Gefühle in keiner Weise bewußt war; sie hatte sie immer sehr erfolgreich vor sich selbst verborgen und sich dabei ehrlich für einen ausgesprochen freundlichen und liebenswürdigen Menschen gehalten.

Eine andere Kursteilnehmerin bekam Geschwülste, die so schmerzhaft waren, daß ihr Arzt sie so bald wie nur irgend möglich operieren wollte. Die Frau hatte mehrere Jahre lang ihrem Mann tiefe Haßgefühle entgegengebracht und sich mit vielen negativen Gedanken belastet. Anfangs war sie außerstande zu erkennen, daß sie allein die Schuld an ihrem Leiden traf; als sie aber endlich einsah, daß ihr eigenes negatives Denken in der Tat ihre gesundheitlichen Probleme verursacht haben konnte, machte sie eine erstaunliche Kehrtwendung und erzog sich in sehr kurzer Zeit dazu, positiv zu denken. Bei der nächsten ärztlichen Untersuchung waren die Geschwülste restlos verschwunden; ihr Arzt konnte es sich nicht anders erklären, als daß ihm bei seiner früheren Diagnose ein Fehler unterlaufen sein mußte!

Diese zwei Frauen sahen aufgrund ihrer negativen Einstellung bedeutend älter aus, als sie waren, und sie fühlten sich auch dementsprechend. Als sie entdeckten, daß sie nicht nur ihrer Neigung zum vorzeitigen Altern, sondern auch ihren Gesundheitsproblemen ein Ende setzen konnten, erschien es ihnen wie ein richtiges Wunder.

Es gibt allerdings auch einen sehr starken Einfluß, dem selbst Menschen unterliegen können, die eine durchweg positive Einstellung zum Leben haben und sich nur selten einen negativen Gedanken durchgehen lassen: Nehmen Sie sich vor der schier hypnotischen Wirkung weitverbreiteter falscher Meinungen und Überzeugungen in acht, die schon so lange im Umlauf sind, daß sie mittlerweile jeder für wahr hält!

Der richtige Maßstab

Nun könnten Sie einwenden:»Wie können Sie wissen, daß diese weitverbreiteten Überzeugungen falsch sind, wenn sie doch jahrelang für wahr gehalten wurden und immer noch werden?« Nun – wie lange schon etwas als wahr gilt, sagt bekanntlich überhaupt nichts darüber aus, ob es auch tatsächlich wahr *ist;* und da es außerordentlich schwierig, wenn nicht sogar unmöglich sein dürfte, diese Frage absolut zu entscheiden, halte ich mich persönlich an einen einfachen Maßstab, den ein großer Lehrer – Jesus Christus in der Bergpredigt, und an dieser Stelle geht es um die falschen Propheten – formuliert hat:»*An ihren Früchten sollt ihr sie erkennen*« (Matthäus, 7, 16). Hat ein bestimmter Glaube oder eine bestimmte Überzeugung die Welt besser, das Leben lebenswerter, die Menschen glücklicher gemacht? Wenn ja, dann handelt es sich dabei mit einiger Wahrscheinlichkeit um einen guten Glauben.

Was sind nun die *Früchte* vieler Überzeugungen, die in den letzten tausend Jahren die Welt regiert haben? Da glaubt man beispielsweise fest an das

Der richtige Maßstab

Älterwerden, und deshalb altern wir sichtbar. An das Recht des Stärkeren wird geglaubt, Haß und Vorurteile werden gezüchtet, und deshalb gibt es Kriege. Die Menschen glauben an das Recht auf Eigennutz, und deshalb gibt es immer einige wenige, die Millionen anderer Menschen unterdrükken und ausbeuten.

Das sind die Früchte einiger der am meisten verbreiteten Überzeugungen der letzten Jahrtausende. Können wir da noch wirklich behaupten, diese Meinungen seien richtig und wahr? Die Antwort darauf ist für die meisten Menschen völlig evident. Irgend etwas kann mit diesen »Wahrheiten« nicht stimmen, sonst hätten wir längst positive Ergebnisse sehen müssen; die Welt wäre mittlerweile ein Ort geworden, an dem es sich zumindest ein wenig besser leben läßt, wenn nicht gar ein Himmel auf Erden. Da wir aber bestimmt noch nie so weit vom Himmel auf Erden entfernt waren wie jetzt, können wir guten Gewissens sagen, daß uns die Mehrzahl der negativen Vorstellungen, die die Welt für wahr hält, überhaupt nichts Gutes eingebracht haben und demnach falsch sein müssen.

Nehmen wir uns also vor der negativen Macht dieser falschen Gedanken in acht! Schützen wir uns von diesem Augenblick an vor ihnen und erkennen wir die Wahrheit über uns selbst – auf daß »die Wahrheit«, wie der Evangelist sagt, »uns frei mache« (Johannes 8, 32).

Und wie fangen wir damit an? In Kapitel vier habe ich Ihnen schon wirksame Worte mitgeteilt, die Sie sich täglich morgens und abends aufsagen sollen. Diese Worte sind ein Werkzeug, das es Ihnen ermöglichen wird, jeglichen negativen Einfluß aus Ihren Gedanken und Gefühlen herauszuhalten und dadurch zu neutralisieren. Es gibt noch viele andere geistige Übungen, die dasselbe bewirken können – Übungen, die dazu dienen, Ihr Unterbewußtsein zu erreichen, das heißt diejenige Ebene des Geistes, auf der sämtliche falschen Überzeugungen, Einstellungen und Meinungen gelöscht werden müssen.

Setzen Sie sich ein Ziel!

Auch ohne die individuellen Eigenarten, die natürlich jeder Mensch besitzt, zu unterschätzen, kann man sagen, daß Ihr Geist weitgehend nach ganz bestimmten, fast mechanischen Gesetzen funktioniert; die Gesamtheit dieser Gesetze, insoweit sie für unsere Zwecke von Bedeutung sind, werde ich der Einfachheit halber weiterhin nur »das Gesetz des Geistes« nennen.

Ein sehr wichtiges Mittel zur Ausübung dieses Gesetzes des Geistes, mit dessen Hilfe Sie den erwünschten Prozeß fast augenblicklich ins Rollen bringen, besteht darin, sich ein bestimmtes Ziel zu setzen; ja, das ist eigentlich die einzige Möglichkeit überhaupt, Ihr Unterbewußtsein in eine bestimmte Richtung zu lenken. Sie müssen ein Ziel abstecken und es zu dem Zweck nicht einfach nur in Gedanken formulieren, sondern es *aufschreiben*. Das ist eine eiserne Regel für uns buchstabengläubige Zivi-

Setzen Sie sich ein Ziel! 65

lisationsmenschen: Sie haben kein Ziel, bevor Sie es nicht aufgeschrieben haben; Sie setzen Ihr Unterbewußtsein nur dann in Gang, wenn Sie das Ziel aufschreiben.

Das Ziel, das wir anstreben, ist *»jugendliche Reife«;* also schreiben Sie das auf. Am Ende dieses Kapitels finden Sie ein Muster einer solchen Zielsetzung. Eine weitere eiserne Regel, die Sie unbedingt beachten müssen, lautet: *Alle Ziele müssen positiv formuliert sein!* Prägen Sie sich niemals ein negatives Ziel ein, wie zum Beispiel: »Ich will nicht alt werden«, denn das würde auch nur eine negative Wirkung in Ihrem Unterbewußtsein erzeugen. Weitaus besser wirkt sich etwa folgende Formulierung aus: »Ich bin jugendlich reif: Ich besitze die Energie und Vitalität der Jugend, gepaart mit der Erfahrung der Reife.«

Sie werden bemerkt haben, daß diese Aussage im Präsens gehalten ist. Ihr Unterbewußtsein erkennt nur die Gegenwart an, nicht aber die Vergangenheit oder Zukunft; also müssen *Ziele immer im Präsens formuliert* werden, um suggestiv als Formel auf Ihr Unterbewußtsein wirken zu können. Wenn Sie dagegen etwa schreiben: »Ich werde jung sein«, verlegen Sie die Verwirklichung der Sache in die Zukunft, und für Ihren Geist wird sie somit auch ständig in der Zukunft bleiben. Entwerfen Sie deshalb Ihre Ziele stets als bereits verwirklicht!

Es sollten dreierlei Arten von Zielen gesetzt werden: kurzfristige, mittelfristige und langfristige Ziele. Das kurzfristige Ziel kann sich auf eine so kurze Zeitspanne wie eine Woche oder einen Monat beziehen; mittelfristige Ziele auf ein oder zwei Jahre; und die langfristigen Ziele können Sie so weit in die Zukunft projizieren, wie Sie möchten. Es spielt keine Rolle, ob es fünf oder fünfundzwanzig Jahre sind; wichtig ist nur, daß Sie ständig nach Ihrem Ziel streben und darauf hinarbeiten, jugendliche Reife zu erlangen. Es spielt wirklich keine Rolle, wie lange Sie dazu brauchen, solange Sie nur Ihre *Ziele immer als gegenwärtig verwirklicht erleben.*

Das Ziel jugendlicher Reife, wie überhaupt jedes Ziel, muß ausschließlich *Ihr* Ziel sein. Es kann nicht das Ziel Ihres Mannes oder Ihrer Frau sein, nicht das Ihres Bruders, Ihrer Schwester oder von sonst jemandem – nur Ihr eigenes. Wenn jemand anderes den Wunsch verspürt, sich dasselbe Ziel zu setzen, um so besser; aufzwingen können Sie es aber niemandem. Es ist schön, wenn andere Menschen bemerken, wie wunderbar Sie aussehen und sich fühlen, und daraufhin anfangen, sich für die Sache zu interessieren und auch beschließen, auf dieses Ziel hinzuarbeiten; doch bis es soweit ist, dürfen Sie nicht vergessen: Jeder Mensch ist frei und sollte tun und lassen können, was er für richtig hält.

Hier folgt ein *Muster* für Ihre Zielsetzung. Sie können natürlich den Wortlaut nach Ihren Wünschen und Vorstellungen beliebig verändern, solange Sie nur die zwei Regeln beherzigen: *keine negativen Formulierungen* und *kein Futur!*

Ich, ..., habe mir heute das Ziel jugendlicher Reife gesetzt. Zuerst plane

Setzen Sie sich ein Ziel! 67

ich, mein Alter auf den jetzigen Punkt einzufrieren; danach beginne ich, den Prozeß umzukehren.

Ich habe jugendliche Reife, ich verfüge über Energie und Vitalität der Jugend und Erfahrung der Reife.

Am .... sehe ich aus und fühle ich mich wie vor drei Jahren.

(Wenn Sie vor drei Jahren krank gewesen sind oder eine negative Erfahrung gemacht haben, tragen Sie hier eine andere Zahl ein.)

Am .... sehe ich aus und fühle ich mich wie vor sechs Jahren.

Am .... sehe ich aus und fühle mich wie vor zehn, fünfzehn, zwanzig, ... Jahren.

(Streichen Sie die Zahlen, die Sie nicht interessieren, und lassen Sie nur die eine stehen, auf die es Ihnen ankommt. Sollte die für Sie in Frage kommende Zahl nicht aufgelistet sein, tragen Sie sie selbst ein.)

Vergessen Sie niemals: Es wird ganz bestimmt wirken! Wenn Sie an dem gewählten Datum den erwünschten Erfolg noch nicht erreicht haben, tragen Sie einfach ein neues ein und beginnen Sie von vorne. Es handelt sich hier um eine individuelle Angelegenheit; manche Menschen machen sehr rasche Fortschritte, aber andere brauchen mehr Zeit. Doch funktionieren wird es immer, wenn Sie die richtige Reihenfolge der verschiedenen Schritte einhalten. Sie wissen doch: Das einzige Geheimnis dabei ist *Beharrlichkeit!*

Lassen Sie uns nun unser Ziel jugendlicher Reife zuerst auf der körperlichen Ebene in Angriff nehmen – mit Hilfe der Bausteine des Lebens!

6
Die Bausteine des Lebens

Was sind die Bausteine des Lebens – die entscheidenden und zugleich überraschend einfachen Dinge, die von den meisten Menschen vernachlässigt werden? Wir alle haben schon von ihnen gehört, in der Schule und zu Hause, haben in Zeitschriften und Dutzenden von Büchern davon gelesen, aber dennoch ignorieren wir sie zumeist. Ja, ich spreche von richtiger Ernährung – von gesundem Essen, von Vitaminen, Mineralstoffen und so weiter. Wir alle wissen schon, wie wichtig diese Dinge sind, trotzdem fühlen wir uns selten persönlich angesprochen, wenn die Rede darauf kommt.

Wir Menschen sind schon manchmal sehr unvernünftig! Solange es uns halbwegs gutgeht, solange wir halbwegs zufrieden und unsere Probleme nicht allzu ernst sind – tun wir überhaupt nichts, sondern lassen uns nur träge und ziellos von unseren Lebensumständen treiben. Erst wenn die Probleme oder Sorgen wirklich schlimm werden und es eigentlich schon fast zu spät ist, fangen wir überhaupt an, etwas zu tun.

Wieviel besser wäre es, wenn wir uns bemühten, unsere Gesundheit, unser Glück und unser Wohlbefinden auf ein Höchstmaß zu steigern, solange noch alles in Ordnung ist! Es ist schon seltsam, daß die meisten von uns den Wert gesunder Nahrungsmittel, als einer wirklich unschätzbaren Quelle von Energie und Vitalität, so lange nicht zu schätzen wissen, bis sie krank werden und mit einem Fuß im Grab stehen.

Ganz genauso ist es mit dem Altern: Wir ignorieren fast völlig all die Dinge, die uns vor dem scheinbar unaufhaltsamen Verfall bewahren könnten, bis wir die ersten erschreckenden Anzeichen im Spiegel erkennen. Die meisten von uns halten wirklich ihr Auto besser in Schuß als ihren eigenen Körper!

Die notwendigen Vitamine und Mineralstoffe

Meiner Meinung nach ist es besonders wichtig, noch zusätzlich zu einer gesunden Diät auf eine Beigabe von Vitaminen und Mineralstoffen zu achten. Das Buch von ULRICH RÜCKERT *»Vitamine und Mineralstoffe – Die Bausteine für Ihre Gesundheit«*, Ariston Verlag, Genf 1985, und ebenso das *»Kursbuch der Vitamine – Tests, die Ihnen zu Gesundheit nach Maß verhelfen«* von Dr. med. MARGARETE RAIDA, Ariston Verlag, Genf 1988, werden sich Ihnen dabei als wertvolle Helfer erweisen. Unser Boden ist durch Kunstdünger und einseitige Anbaumethoden ausgelaugt und produziert nicht mehr soviele Nährstoffe wie noch vor fünfzig Jahren. Aber auch viele andere Faktoren beeinträchtigen den Nährwert der Speisen oder unsere Fähigkeit, die Nährstoffe richtig umzusetzen – so zum Beispiel

Die notwendigen Vitamine und Mineralstoffe

einerseits zu langes Kochen oder andererseits Rauchen, bestimmte Medikamente und Schmerzmittel und sogar übermäßiges Schwitzen und Streß. Jeden Tag werden neue Entdeckungen auf dem Gebiet der Ernährungswissenschaft gemacht. In jüngerer Zeit wurde etwa herausgefunden, daß Vitamine, Mineralstoffe und Enzyme zusammenwirken und dabei bestimmte Veränderungen in unserem Körper verursachen. Diese Substanzen scheinen alle spezifische Funktionen im menschlichen Körper zu haben, wobei jede von ihnen von der Mitwirkung der anderen abhängig ist, um diese ihre Funktion auch tatsächlich ausüben zu können. Um deshalb das Vorhandensein wirklich aller notwendigen Komponenten einer richtigen Ernährung zu garantieren, sollte man zusätzlich zu gesunder, nährstoffreicher Kost einen natürlichen Multivitamin-Mineralstoffkomplex einnehmen. Zwar sind viele Ernährungswissenschaftler der Ansicht, daß synthetische Vitamine genausogut wirken wie die, welche aus natürlichen Substanzen gewonnen werden; ich jedoch meine – und in vielen anderen Fällen ist bereits dieselbe Erfahrung gemacht worden –, daß natürliche Substanzen außer den bekannten Wirkstoffen noch weitere, unbekannte Komponenten enthalten können, die die positive Wirkung intensivieren. Die Natur gibt es bedeutend länger als die Naturwissenschaft, und alles in ihr befand sich in einem fast vollkommenen Gleichgewicht, bis zu dem Augenblick, als der Mensch kam und die Waage in vielfältiger Weise ins Wanken brachte.
Synthetische Vitamine werden durch Rekonstruk-

72 *Die Bausteine des Lebens*

tion der Molekularstruktur eines kristallinen, das heißt *reinen* Vitamins mittels chemischer Kombination heterogener Moleküle hergestellt. Solche synthetischen Präparate sind also chemisch rein, enthalten somit keine natürlichen synergetischen Substanzen, keine Enzyme oder Mineralstoffe; solche Vitamine führen ihrem Körper daher weniger notwendige Wirkstoffe zu als natürliche.

Es gibt ein paar »Kraftnahrungen«, die Ihnen für die Kalorien, die Sie zu sich nehmen, besonders viel Energie schenken, zum Beispiel Bierhefe (keine Backhefe!), Joghurt, Lezithin und Pflanzenkeime, um nur einige zu nennen. Bierhefe schmeckt zwar nicht besonders gut; sie schenkt allerdings so viel Energie, Vitalität und ein solches Wohlbefinden, daß es sich lohnt, auf den Geschmack zu kommen.

Ein Kraftfrühstück

Ich nehme jeden Morgen ein sehr einfach herzustellendes »Getränk« zu mir, das mir fünfzigmal soviel Energie und Wohlbefinden verschafft wie ein normales Frühstück mit Brötchen, Marmelade und Ei. Es hat außerden den Vorzug, mich wirklich vor jedem Streß, dem ich den Tag über ausgesetzt bin, zu beschützen. Das ist das Rezept:

1. Rühren Sie einen Teelöffel bis (maximal!) vier Eßlöffel Bierhefe in 200 cl Multivitamin-, Tomaten-, Grapefruitsaft oder jeden anderen säuerlichen Saft ein.

Ein Kraftfrühstück 73

2. Fügen Sie zwei Eßlöffel Lezithingranulat und einen Eßlöffel Weizenkeime hinzu.

3. Verrühren Sie das Ganze in einem Mixer; wenn Sie keinen haben, können Sie die Zutaten auch einzeln in den Saft einrühren, bis Sie eine glatte, sehr dickflüssige Masse erzielen.

Dieser Trunk enthält nur sehr wenige Kalorien, so daß er, zusätzlich zu seinen anderen Vorzügen, auch noch Ihre Linie schont.

Eine Vorsichtsmaßnahme ist allerdings nötig: Wenn Sie noch nie Bierhefe zu sich genommen haben, produziert Ihr Körper noch nicht die erforderlichen Enzyme, um die Hefe zu verdauen, und es dauert eine gewisse Zeit, bis diese entwikkelt werden können; fangen Sie daher zuerst mit nur einem Teelöffel an, und steigern Sie die Dosis im Laufe von ein bis zwei Monaten bis zu den angegebenen vier Eßlöffeln. Wenn Sie diese Vorsichtsmaßnahme nicht beherzigen, könnte es zu Nebenwirkungen wie Verdauungsstörungen, Blähungen und ähnlichen Unannehmlichkeiten kommen. Ich rate sogar dazu, die Dosis eher geringer (einen bis zwei Eßlöffel höchstens) zu halten und diesen Krafttrunk zunächst nicht über einen längeren Zeitraum als vier Wochen einzunehmen, da Bierhefe von vielen Menschen nicht gut vertragen wird.

Allerdings lohnt sich die Mühe der Eingewöhnung durchaus, denn selbst wenn Sie mit nur einem Teelöffel täglich anfangen, werden Sie schon nach wenigen Tagen einen deutlichen Energieschub fest-

74   *Die Bausteine des Lebens*

stellen und gleichzeitig eine entspannende Wirkung
erfahren.

Die zu diesem Rezept verwendeten Weizenkeime
enthalten Vitamin E sowie besonders viel Vitamin B, und der ganze Vitamin-B-Komplex ist
schon seit langem als Mittel gegen Streß sowie als
wichtiger Energieproduzent bekannt; Tomatensaft,
Grapefruitsaft oder Multivitaminsaft enthalten Vitamin C. Lezithin ist ein Fettemulgator, also eine
Substanz, die es ermöglicht, daß die durch die Nahrung aufgenommenen lebenswichtigen Fette im
ganzen Körper verteilt werden können. Es ist also
leicht einzusehen, weswegen dieses Getränk ein solches »Kraftwerk« ist.

Eine meiner Studentinnen hat ein ähnliches Getränk auf einer Milchbasis komponiert, welches
ihrer Aussage zufolge bei ihr dieselbe positive Wirkung zeitigt. Das ist ihr Rezept:

1. Rühren Sie vier Eßlöffel Bierhefe (Vorsicht: lieber nur die Hälfte oder ein Viertel!) in ein Glas
   kalter, entrahmter Milch ein.
2. Fügen Sie zwei Eßlöffel Lezithingranulat und
   einen Eßlöffel Weizenkeime hinzu.
3. Geben Sie einen gehäuften Teelöffel Fruktose
   bei. Fruktose ist ein aus Obst und Gemüse ge-
   wonnener Zucker und ist in Reformhäusern er-
   hältlich.
4. Verfeinern Sie das Ganze mit natürlichem Vanil-
   learoma; Sie können auch selbst mit anderen natürlichen Aromen experimentieren, zum Beispiel
   mit Mandelextrakt.

5. Geben Sie zwei Eßlöffel Erdnuß-, Sesam- oder Färberdistelöl hinzu.
6. Verrühren Sie das Ganze in einem Mixer. Bereiten Sie das Getränk jeweils am Vorabend, und stellen Sie es über Nacht kühl. Probieren Sie es einmal aus; vielleicht werden Sie dieses Rezept auch mögen!

Keinen weißen Zucker oder weißes Mehl!

Erziehen Sie sich dazu, auf weißen Zucker und auf Produkte aus weißem Mehl zu verzichten, denn beides sind »tote« Nahrungsmittel. Wenn Sie nicht auf Süßigkeiten verzichten wollen, verwenden Sie Honig, Melasse, Ahornsirup, Fruktose oder sogar Dattelmark. Sie brauchen für den Rest Ihres Lebens keinen einzigen Krümel weißen Zucker mehr zu essen; was Ihr Körper für seine Gesundheit (und natürlich Ihre jugendliche Reife) benötigt, kann er ohne weiteres aus natürlichen Quellen wie Obst und Gemüse beziehen.

Einige meiner Studentinnen und Studenten leben in kälteren Gegenden, in denen es schwierig und kostspielig ist, während der Wintermonate frisches Gemüse zu bekommen. Wenn Sie mit dem gleichen Problem zu kämpfen haben, können Sie selbst Schößlinge ziehen, indem Sie Alfalfa (Luzerne), Sojabohnen und anderes keimen lassen. Es gibt viele verschiedene Arten von Samen, die Sie dafür verwenden können und die Sie alle in Ihrem Reformhaus bekommen. Solche Keime sind reich an Nährstoffen, die unser Körper braucht. Zum Beispiel enthalten alle Keime die Vitamine A und B, Alfalfa- keime außerdem die Vitamine D, E, B_2 und K. Soja- und Mungobohnen sind zusätzlich noch reich an Proteinen. Gekeimt können sie in oder anstelle von Salaten verwendet werden, man kann sie zu Ge- schmortem oder Suppen geben, zu chinesischen Ge- richten und so weiter. Sie können diese Keime so- gar in den Teig einarbeiten, wenn Sie Brot selber backen. Wenn Sie einmal mehr Sprossen haben, als Sie im Augenblick verarbeiten können, ist es durch- aus möglich, sie zu späterer Verwendung einzufrie- ren oder zu trocknen, weil die Nährstoffe sehr gut haltbar sind. Getreidekeime und Sprossen von Hül- senfrüchten werden außerdem eine deutliche Entla- stung Ihres Haushaltsgeldes bewirken, weil sie sehr preiswerte Nahrungsmittel sind. Es ist ganz einfach, Samen selbst zum Keimen zu bringen – Sie benöti- gen im Prinzip nicht mehr als ein Einmachglas dazu.

Das wunderbare Ei

Hühnereier gehören zu den besten Proteinspendern, denn ihr Körper kann weitaus mehr Proteine aus Eiern assimilieren als beispielsweise aus Fleisch. Zudem sind Eier auch preiswerter, so daß auch in dieser Hinsicht Ihre Verjüngungsdiät nicht ins Geld zu gehen braucht. Fangen Sie also damit an, bei Ihrer Ernährung Fleisch mehr und mehr durch Eier zu ersetzen. Wenn Sie aber durchaus nicht auf

Das wunderbare Ei 77

Fleisch verzichten wollen, dann kaufen Sie eher preiswerte Stücke, die einen höheren Nährwert als die teuren haben; das billigere Fleisch kann mühelos mit Hilfe von Sojasoße, Worchestershire- oder Teriyaki-Soße zart gemacht werden. Ich habe Schmorbraten sogar schon mit dem übriggebliebenen Sud von Dillgurken zart bekommen; auch alle handelsüblichen Fleischzartmacher sind sehr gut zu diesem Zweck zu gebrauchen.

Käse ist auch ein hervorragender Proteinspender, und magerer Hüttenkäse oder Quark geben Ihnen für wenig Geld und Kalorien eine Menge an Nährwert.

Es gibt keine einzige Diät, die ohne Einschränkung zu empfehlen wäre, weil jeder Mensch einzigartig ist, und zwar nicht nur, was Vorlieben und Abneigungen bezüglich bestimmter Speisen angeht, sondern auch aufgrund weltanschaulicher Einstellungen – etwa in bezug auf das Fleischessen. Das ist wirklich eine individuelle Angelegenheit; doch gleichgültig, welche Art von Speisen Sie bevorzugen – es ist wichtig, bestimmte Grundregeln für eine richtige Ernährung zu beachten.

Ihr Körper braucht einen bestimmten Brennstoff, und genau wie beim Auto ist dessen Zusammensetzung wichtig: Je besser das Brennstoffgemisch ist, das Sie Ihrem Körper zuführen, desto besser wird der Körper reagieren – sowohl was Energie, Vitalität und Aussehen betrifft als auch – und das ist in unserem Falle besonders wichtig – in bezug auf seine Resistenz gegenüber der »Krankheit des Alterns«.

Wichtige Bausteine

Folgende Bausteine benötigen Sie täglich, um Ihr Ziel der jugendlichen Reife zu erlangen – und zwar gleichgültig, wie Ihre spezielle Diät aussieht:

1. *Proteine* in Form von Eiern oder Käse sowie eine Vielfalt an pflanzlichen Proteinen, weiterhin Fleisch, Fisch oder Geflügel.
Es ist ganz einfach, den individuellen Proteinbedarf auszurechnen: So viele Gramm täglich, wie man in Kilogramm ausgedrückt wiegt, dürfte im allgemeinen mehr als genug sein. Jemand, der fünfundsechzig Kilo wiegt, benötigt also täglich allerhöchstens fünfundsechzig Gramm Proteine. Wenn Sie sich nicht sicher sind, essen Sie lieber etwas weniger davon; neueste Forschungsergebnisse legen den Schluß nahe, daß eine geringere Menge an Proteinen, als Ernährungsexperten früher allgemein empfahlen, durchaus besser und gesünder ist; und das scheint besonders bei unserem speziellen Ziel der Fall zu sein.
2. Frisches *Obst* (einschließlich Zitrusfrüchten) und Gemüse sollte man jeden Tag essen, und zwar nicht nur wegen ihres Gehalts an Vitaminen und Mineralstoffen, sondern auch weil Ihr Körper Enzyme braucht. Enzyme, die wie Katalysatoren wirken, finden sich in den meisten Obst- und Gemüsesorten, werden aber durch Einwirkung von Hitze zerstört. Deswegen ist es so wichtig, Obst und Gemüse roh zu essen.
Vor nicht allzulanger Zeit wurde ein interessan-

Wichtige Bausteine 79

ter Versuch mit alten Menschen durchgeführt, an denen besonders deutliche Anzeichen ihres Alters, wie runzlige Haut und erschlaffte Muskeln, festzustellen waren. Sie bekamen jeden Tag Enzyme verabreicht, und sehr bald darauf verbesserte sich ihr Gesundheitszustand beträchtlich, sie wurden vitaler und fühlten sich entschieden jünger.

3. *Vollkorn*brot und andere Vollkornprodukte sind als »Muskelbrennstoffe« sehr wichtig und unterstützen darüber hinaus allgemein die Verdauung. Diese Art von Kohlehydraten ist für Ihren Körper unerläßlich; nicht notwendig sind dagegen die Kohlehydrate, die Sie etwa durch Pommes frites, Toastbrot und Kuchen zu sich nehmen.

4. Etwas *Fett,* wie Butter oder Margarine, sollte man auch zu sich nehmen, unter anderem weil es der Träger für die fettlöslichen Vitamine A, D, E, und K ist. Fett regt auch den Ausstoß des von H. W. DAVENPORT entdeckten Hormons Enterogastron an; dieses Hormon verlangsamt die Geschwindigkeit mit welcher der Speisebrei den Magen verläßt, was zur Folge hat, daß man nicht so schnell wieder hungrig wird.

5. *Milch* sollte auch zu dieser Diät gehören, weil sie viel hochwertige Proteine enthält, sowie zusätzlich Phosphor, Kalzium und Riboflavin.

Das sind die grundlegenden Bausteine, die Ihr Körper braucht und die Ihren Grundbedarf an Energie bei durchschnittlicher Belastung decken.

Kraftnahrung

Die »Kraftnahrungsmittel« hingegen werden Ihnen ein besonderes, überdurchschnittliches Quantum an Energie, Widerstandskraft und Vitalität schenken. Solche Nahrungsmittel können Ihnen tatsächlich dabei helfen, Ihr Alter auf den augenblicklichen Stand einzufrieren oder wenigstens alle künftigen Verfallserscheinungen des Alters beträchtlich zu verlangsamen. Das eigentliche Rezept, um die Symptome des Alters abzubauen, soll weiter unten eingehend besprochen werden; es ist aber wichtig, sich mit den Grundelementen vertraut zu machen, ehe man zur »Zauberformel« selbst übergeht.

Im folgenden werden die Kraftnahrungsmittel aufgezählt, die Ihnen für die Kalorien, die Sie zu sich nehmen, den größten Gegenwert an Energie, Vitalität und Wohlbefinden verschaffen.

1. *Zuckerrohrmelasse* enthält eine große Menge an verschiedenen Vitaminen der B-Gruppe und ist ein hervorragender Eisenspender. Sie hat allerdings einen eigenartigen, sehr herben Geschmack, und es gibt wohl nicht allzu viele Menschen, die sie auf Anhieb mögen. Wenn Sie sich mit ihr absolut nicht anfreunden können, nehmen Sie statt dessen den dunkelsten ungeschwefelten Rübensirup, den Sie finden können; Sie können aber auch in den gewöhnlichen, ungeschwefelten Sirup, den Sie sonst als Brotaufstrich oder zum Süßen benutzen, ein wenig Melasse mischen.

Melasse ist der Rückstand bei der Zuckergewinnung aus Zuckerrohr; der weiße, raffinierte »tote« Zucker wird als Ausleseprodukt verkauft, während die ganzen »guten Sachen« in den Rückständen verbleiben. Viele ältere Menschen sind aufgrund ihrer ungesunden Ernährung anämisch; Melasse stärkt das Blut, läßt es kräftig, rot und jung werden. Melasse enthält doppelt so viel Eisen wie Rinderleber und ist darüber hinaus leichter verdaulich. Man kann sie in Milch rühren, mit Honig vermischt über Pudding gießen, oder man kann damit Joghurt aromatisieren; und drei Eßlöffel Melasse in einer Tasse kochend heißes Wasser aufgelöst, ergeben einen köstlichen und gesunden Kaffee-Ersatz.

2. *Joghurt* ist eine weitere hervorragende Kraftnahrung, die Ihnen viel hochwertige und leichtverdauliche Proteine spendet und außerdem Kalzium und Riboflavin enthält. Er ist als Imbiß »zwischendurch« sehr zu empfehlen, da er sehr gut sättigt. Es ist ratsam, naturreinen Joghurt ohne alle Zusätze zu kaufen und dann gegebenenfalls selbst frisches oder tiefgefrorenes Obst hineinzurühren. Sie können beispielsweise eine Banane zerdrücken und sie dann mit dem Joghurt vermischen oder etwa Apfelmus dazunehmen, frische oder tiefgefrorene Erdbeeren und so weiter. Sollten Sie es vorziehen, fertigen Obstjoghurt zu kaufen, achten Sie auf jeden Fall darauf, daß er keine Konservierungsmittel oder Geliermittel enthält; auch ist zu berücksichtigen, daß

die meisten gängigen Marken, die Sie in Ihrem Supermarkt finden, sehr oft mit weißem Zucker gesüßt sind. Sie sollten also auf alle Fälle auf das Etikett schauen.

Joghurt ist ein besonders wertvolles Mittel zur Bekämpfung des »Alterssyndroms«. Bei vielen Menschen geht im Laufe der Jahre die Produktion von für die Verdauung notwendigen Magensäften zurück; Joghurt regt die Sekretion dieser wichtigen Substanzen an, die wiederum eine »jugendlichere« Verdauungstätigkeit ermöglichen.

3. *Weizenkeime* sind, mit ihrem außerordentlich hohen Gehalt an Vitamin B und E, soviel Gold wert, wie sie wiegen. Sie können bei verschiedenen Gerichten verwendet werden; man kann sie etwa in Hackbraten einarbeiten oder anstelle von Semmelbröseln zum Panieren von Fisch oder Schnitzeln nehmen. Besser ist es jedoch, die Keime nicht zu erhitzen und sie also erst am Schluß über das fertige Gericht beziehungsweise über Salate, Obstsalate, Müslis, Joghurt und so weiter zu streuen.

Mit Weizenkeimöl hat man verschiedene Versuche bei älteren Menschen gemacht. Die Versuchspersonen erhielten in einem Fall täglich anderthalb Teelöffel Weizenkeimöl, das sie teils einnehmen und teils äußerlich, auf das Gesicht, auftragen sollten. Schon nach einer kurzen Zeit wirkte ein Großteil der Versuchspersonen um zehn bis fünfzehn Jahre jünger als zu Beginn der Behandlung. Weizenkeimöl macht die Haut geschmeidig und wirkt außerdem wie eine Barriere gegen Feuchtigkeitsverlust durch Ausdünstung. Außerdem hat das in den Weizenkeimen enthaltene Vitamin E noch viele andere positive Auswirkungen auf den Körper.

4. *Lezithin* gehört insofern zu den Kraftnahrungen, als es ein sehr wichtiger Bestandteil der Körperzellen beziehungsweise der Zellmembranen ist und außerdem die Enzyme im Körper aktiviert. Lezithin fördert den Abbau von Fett in der Leber und senkt dadurch den Cholesterinspiegel im Blut. Weil es das Körperfett umverteilt, verhindert es dieses angespannte, etwas abgehärmte Aussehen, das man bei Abmagerungskuren manchmal annimmt. Man hat auch entdeckt, daß Lezithin eine wichtige »Gehirnnahrung« ist: Es ist wissenschaftlich nachgewiesen worden, daß dieser Stoff ein Bestandteil gerade desjenigen Hirngewebes ist, das mit der Speicherung von Informationen in Zusammenhang steht. Lezithin läßt auch welke Haut wieder straffer und geschmeidiger werden und ist insofern ein wichtiges Hilfsmittel, um den Alterungsprozeß aufzuhalten – und es schenkt vielen älteren Menschen geistige Wachheit und Regsamkeit. Lezithin kann ganz einfach über Salate oder Haferflocken, Müslis und so weiter gestreut werden, ebenso kann man es – da es nahezu geschmacksneutral ist – in süße Getränke genauso gut wie in salzige Soßen einrühren. Eine Tasse Butter, mit einem Eßlöffel Lezithin und einer Tasse Saffloröl verquirlt, ergibt einen sehr schmackhaften und gesunden Brotaufstrich.

84 *Die Bausteine des Lebens*

5. *Leber* war schon immer ein sehr wichtiges »Supernahrungsmittel«. Dr. BENJAMIN ERSHOFF vom *Nutritional Research Institute* hat herausgefunden, daß Leber wirklich zu den wertvollsten Nahrungsmitteln überhaupt gehört. Sie ist besonders reich an Vitaminen, Mineralstoffen und Proteinen und erhöht so die Widerstandskraft beträchtlich, insbesondere bei Belastung und Streß. Leber enthält mehr Vitamin A als die Karotte und mehr Vitamin B, B_2, C, mehr Eisen, Phosphor, Kalium, Kupfer und Zink als die meisten anderen Nahrungsmittel. Das eigentliche Geheimnis für die Antistreßwirkung der Leber scheint allerdings in den Enzymen und anderen für den Stoffwechsel unentbehrlichen Substanzen zu liegen, die sie enthält.

Selbst die Abneigung, die manche Menschen gegen Leber haben, dürfte also eigentlich kein Grund dafür sein, auf dieses wertvolle Lebensmittel zu verzichten, das – als eine wirkliche Superkraftnahrung – ein wichtiger Bestandteil Ihrer Diät zur Erlangung jugendlicher Reife sein sollte.

6. *Bierhefe* ist gleichfalls eine Quelle schier unvorstellbarer Energie. Diese Kraftnahrung enthält sechzehn verschiedene Vitamine, darunter die ganze B-Gruppe, sechzehn Aminosäuren und vierzehn Mineralstoffe sowie wichtige Spurenelemente. Hefe besteht außerdem zu vierundvierzig Prozent aus reinem Eiweiß (Rindersteak zum Beispiel nur zu dreiundzwanzig Prozent).

Untersuchungen, die Dr. TOM SPIES in Birming-

Kraftnahrung 85

ham (Alabama) durchführte, sollten eigentlich jeden, der sich jung denken und der jung sein und bleiben möchte, davon überzeugen, daß es sich bei Hefe wirklich lohnt, auf den Geschmack zu kommen. Dr. Spies verabreichte achthundertdreiundneunzig männlichen und weiblichen Testpersonen – alles Menschen, die sich alt fühlten und entsprechend aussahen – Bierhefe und andere Aufbaukost in größeren Mengen. Im Laufe weniger Monate fand bei ihnen eine erstaunliche Veränderung statt: Schwäche, Lethargie, Depressionen und Erschöpfung waren verschwunden; und an ihre Stelle waren Fröhlichkeit, Optimismus, Wohlbefinden und eine bemerkenswerte Zunahme an körperlicher und geistiger Spannkraft getreten. Viele der Testpersonen sahen deutlich jünger und frischer aus; ihre Haut, die vorher trocken und runzlig gewesen war, hatte jetzt einen jugendlichen Schimmer und eine gesunde Konsistenz erhalten; ihre Augen strahlten, und ihre Bewegungen waren wieder kräftig und locker.

Dr. K. SUGIURA vom *Sloan-Kettering Institute for Cancer Research* (Krebsforschungsinstitut) entdeckte außerdem, daß Bierhefe möglicherweise vor Krebs schützt: Diejenigen Versuchsratten, denen er zusätzlich zu ihrer kanzerogenen Diät auch Hefe verabreicht hatte, befanden sich noch in einem guten Gesundheitszustand, während die meisten Tiere der Vergleichsgruppe, die keine Hefe erhalten hatte, bereits Metastasen an der Leber aufwiesen.

Trotzdem weise ich vorsichtshalber darauf hin, daß Bierhefe von manchen Menschen schlecht vertragen wird und – in größeren Mengen über einen längeren Zeitraum hin genossen – auch zu Schäden führen kann.

Auch in unseren Seminargruppen konnten wir ausgezeichnete Erfolge verbuchen, zumal die Teilnehmer, die all diese besonders energiereichen Nahrungsmittel erprobten, gleichzeitig auch die körperlichen und geistigen Übungen unseres Programms ausführten. Ein besonders bemerkenswerter Fall war ein Ehepaar von jeweils dreiundsiebzig und dreiundachtzig Jahren. Als sie mit dem Kurs begannen, waren beide erschöpft, hatten keinerlei Interesse mehr am Leben und schienen nur noch auf das Ende zu warten. Drei Monate später war ihr Gang schwungvoll und energisch geworden, ihr Gedächtnis hatte sich deutlich verbessert, und sie nahmen wieder lebhaften Anteil an ihrer Umgebung. Kurz: Sie schienen beide um zehn bis fünfzehn Jahre verjüngt.

Das also sind die richtigen »Kraftstoffe« für Ihren Körper, und sie werden sich ganz bestimmt für Sie auszahlen: durch die Energie, Vitalität und Gesundheit, die sie Ihnen schenken, sowie – als besondere Draufgabe – durch die Fähigkeit, sich jung zu denken und jung zu sein!

Für diejenigen von Ihnen, die von ihrem Arzt auf eine salzfreie Diät gesetzt worden sind, möchte ich noch erwähnen, daß einige meiner Seminarteilnehmer mit gutem Erfolg dazu übergegangen sind, anstelle von Salz Kelp (Seetangasche) zu verwenden; Kelp schmeckt angenehm »algig« und ist ein reines Naturprodukt, das viele Mineralstoffe enthält und sich gut als Salzersatz eignet.

Die Vitamine

Was für eine Rolle spielen die Vitamine bei unserem Versuch, nicht mehr zu altern? Vitamine sind aktive Bestandteile in einem System eng zusammenwirkender Nährstoffe, die sicherstellen, daß Ihr Körper so funktioniert, wie er sollte: Sie sind somit absolut lebenswichtig. Ohne Vitamine könnten Sie die Nahrung, die Sie zu sich nehmen, überhaupt nicht verwerten, ohne Vitamine könnten Kinder nicht wachsen, und Erwachsene wären mit Fünfundzwanzig schon Greise; und auch, wenn Sie es nicht soweit kommen ließen, wären Sie schon recht bald ein sehr kranker, leidender und erschöpfter Mensch.

Es ist noch gar nicht so lange her, daß man entdeckt hat, wie überragend wichtig die Vitamine tatsächlich sind. Früher waren unsere Lebensmittel ohnehin reich an wertvollen Vitaminen und Mineralstoffen, und man brauchte sich nicht eigens um sie zu kümmern; neuerdings jedoch ist das leider nicht mehr der Fall. Die vielen Konservierungsstoffe und anderen chemischen Zusätze einerseits und die überdüngten und ausgelaugten Böden andererseits bewirken, daß unsere Nahrungsmittel nicht mehr viel natürliche Vitamine enthalten. Schon um die zur Befriedigung der normalen Bedürfnisse unseres Körpers erforderliche Menge zu erlangen, müssen wir heutzutage ein wenig auf unsere Ernährung achten; und um wieviel mehr ist dies bei einem so wichtigen Unterfangen wie dem unseren von Bedeutung – sich jung zu denken und jung zu *sein!* Sie sollten also nicht bloß ein oder zwei Vitamine schlucken, sondern einen guten natürlichen Multivitamin-Mineralstoffkomplex nehmen. Vitamine und Mineralstoffe sind in ihrer Wirkung so eng und vielfältig miteinander verknüpft wie die Glieder einer feinen Kette; wenn ein einziges Glied fehlt, ist die ganze Kette unterbrochen.

Es ist hier nicht notwendig, alle Vitamine im einzelnen aufzuzählen; diese Informationen können Sie auf Wunsch leicht den beiden Büchern entnehmen, die ich Ihnen in Kapitel sechs empfohlen habe. Die wichtigsten Vitamine jedenfalls – diejenigen, die eine zentrale Rolle beim Unterbinden des Alterungsprozesses spielen – sind die Vitamine der B-Gruppe sowie Vitamin C und E. Mineralstoffe sind ebenfalls unentbehrlich, da – wie schon gesagt – Vitamine ohne sie nicht wirken können.

Wenn Sie wirklich die ernste Absicht haben, sich jung zu denken und jung zu sein, müssen Sie unbedingt lernen, die genannten wunderbaren, energiespendenden Kraftnahrungen zu mögen, denn diese Nahrungsmittel haben die Fähigkeit, Ihnen nahezu unbegrenzte Jugendlichkeit zu schenken. Gehen Sie also in ein gutes Reformhaus oder einen Naturkost-

Die Vitamine 89

laden und holen Sie sich diese »Superkraftstoffe«
für Ihren Körper!

Haben Sie sich erst einmal mit einigen für den
Körper grundlegend wichtigen Nährstoffen vertraut gemacht, werden Sie überrascht feststellen,
wie leicht es ist, eine schmackhafte, preiswerte und
energiereiche Mahlzeit zusammenzustellen. Ihr
Körper stellt keine hohen Ansprüche; doch er freut
sich, wenn er – anstelle der oft wertlosen Kalorien,
die fast alle von uns gewöhnlich zu sich nehmen –
hochwertige Nahrung erhält. Er wird es Ihnen
durch ein gesundes und strahlendes Aussehen danken, durch Energie, Vitalität und – was uns am meisten am Herzen liegt – durch viele Jahre jugendlicher Reife; Sie werden dann in den Spiegel schauen
und den gesunden, vollkommenen Menschen sehen, der Sie Ihrem Wesen nach eigentlich sind!

7
Unglaubliche Energie

Ein erfreuliches Nebenprodukt dieser Diät, die eigens dafür entworfen wurde, Ihren Alterungsprozeß aufzuhalten, ist ein enormer Zugewinn an frischer Energie. Sie werden es schon nach kurzer Zeit selbst überrascht feststellen. Dieses Gefühl von Wohlbefinden und Tatkraft ist eine der ersten Belohnungen, und es wird Sie dazu ermutigen, diesen neuen Lebensstil auch weiter beizubehalten. Allein schon dieser Energieanstieg lohnt die kleine Anstrengung, die von Ihnen abverlangt wird: Ihre Eßgewohnheiten zu ändern. Es hat schon viele Diäten gegeben, die darauf abzielten, den Wunsch nach jugendlicher Reife zu erfüllen, und es sind schon Tausende von Seiten darüber geschrieben worden, bei welcher speziellen Ernährung Sie sich am wohlsten fühlen. In diesem Kapitel habe ich die meiner Meinung nach besten Rezepte für Sie zusammengestellt; ich werde auch referieren, warum manche Lebensmittel eine für unsere Zwecke bessere Wirkung haben als andere. Die Wissenschaftler stellen mehr und mehr fest, daß die Ernährung nicht nur in einem engen Verhältnis zum Alterungsprozeß steht, sondern auch zu sehr vielen gesundheitlichen Problemen. So erklärt ein Gerontologe:

»Ihren Körper kann man gut mit einem Auto vergleichen. Solange es neu ist, gibt es damit kaum Probleme, aber wenn es in die Jahre kommt, treten die ersten Defekte auf: Der Benzinverbrauch steigt, das Auto springt an kalten Morgen nicht mehr so schnell an, der Motor fängt an zu klopfen oder bringt einfach nicht mehr soviel Leistung. Sie können in die Werkstatt fahren und diese kleineren Defekte beheben lassen, doch spätestens ab dann müssen Sie darauf achten, daß Ihr Auto tadellos gepflegt ist. Je älter es wird, desto weniger können Sie es sich leisten, den Ölwechsel oder die Inspektion zu verschieben, weil die verschiedenen Teile – Motor, Getriebe, Bremsen und so weiter – ohne sorgfältige Wartung sehr schnell verschleißen.

Ganz genauso verhält es sich mit unserem Körper. Einzelne Organe und Gelenke beginnen sich abzunutzen, und es wird außerordentlich wichtig, sich um die Bedürfnisse jedes einzelnen Teiles zu kümmern.

Sie müssen nun besonders darauf achten, daß Ihr Körper alle erforderlichen Nährstoffe und die zu seiner ordnungsgemäßen Funktion idealen Bedingungen erhält; und Sie müssen ihn ausreichend beanspruchen, damit seine verschiedenen Teile und Gelenke nicht einrosten. Sie müssen jetzt beginnen, Ihren Geist zu fordern, indem Sie etwa neue Interessen entdecken, die ihn aktiv und neugierig erhalten.«

Die Relevanz der Diät

Einer der ersten Berichte über die Bedeutung der Ernährung in bezug auf das Altern stammte von ALFRED MCCANN; in seinem Buch *The Science of Keeping Young* (»Die Wissenschaft, jung zu bleiben«) berichtete er, daß es möglich sei, zwei Tiere aus ein und demselben Wurf zu nehmen und – allein durch unterschiedliche Diät – bei dem einen Vitalität, Energie und eiserne Gesundheit und beim anderen die typischen Verfallserscheinungen des Alters zu bewirken. In seinem Artikel *»Nutritional Experiments on Longevity«* (»Ernährungswissenschaftliche Versuche zur Langlebigkeit«) (Journal of American Geriatrics Society 6, No. 3, März 1958) schrieb Dr. CLIVE MCCAY:

»Vor dreißig Jahren bewiesen wir, daß es durchaus möglich ist, bei Versuchstieren, wie zum Beispiel weißen Ratten, die Verfallserscheinungen des Alters durch eine bestimmte Ernährung zu beeinflussen. Wir wissen, daß eine wirksame Bekämpfung von Alterskrankheiten schon früh beginnen sollte, daß aber der Gesundheitszustand sogar dann noch beeinflußt werden kann, wenn die Umstellung in der Ernährung erst im mittleren Alter erfolgt.«

Das ist allerdings eine eher konservative Aussage; dank zahlreicher neuerer Forschungsergebnisse wissen wir jetzt, daß sich Veränderungen in der Ernährung – selbst in vorgerücktem Alter – sogar sehr stark auf den Alterungsprozeß auswirken können.

Mehrere andere Forscher haben sich mit der

Möglichkeit zeitlich unbegrenzter Zellteilung befaßt. Dr. ALEXIS CARREL, ein bekannter Fachmann für Zytologie, wurde in der ersten Hälfte dieses Jahrhunderts durch seine Experimente mit Hühnerzellgewebe bekannt, das er im Labor unter idealen Bedingungen hielt. Er berichtete, daß es möglich sei, diese Zellen am Leben zu erhalten, und daß sie sich weiterteilten, solange die äußeren Bedingungen günstig bleiben. Verschiedene andere Labore, die Dr. Carrels Versuche in derselben Weise durchführten, konnten seine Ergebnisse bestätigen. So glaubte man längere Zeit, die Zelle sei für sich genommen imstande, unbegrenzt lange weiterzuleben und sich zu teilen, vorausgesetzt also, sie war nicht Bestandteil eines lebenden Organismus und dadurch schwächenden Einflüssen wie Infektionen, Umweltverschmutzung (aggressiven, instabilen Atomgruppen oder Molekülen) und so weiter ausgeliefert. Jüngere Forschungen konnten allerdings diese früheren Ergebnisse nicht bestätigen; trotz wiederholter Versuche ist es nicht gelungen, Zellen über eine bestimmte Zeitspanne hinaus am Leben zu erhalten. Woran diese Versuche scheiterten, konnte bislang nicht geklärt werden.

Ursachen des Alterns

Dr. LEONARD HAYFLICK, der längere Zeit an der *Stanford University* in der gerontologischen Forschung arbeitete, ist der Meinung, daß eine Reihe verschiedener »physiologischer Rückbildungen« im

Bereich der sich nicht teilenden Zellen, also etwa bei denen des Gehirns und der Muskeln, in einem ursächlichen Zusammenhang mit dem Alterungsprozeß stehen könnten. Zu diesen Verfallserscheinungen gehört unter anderem eine Verringerung der RNS- und DNS-Synthese; RNS und DNS (Ribo- und Desoxyribonukleinsäure) sind die zwei wichtigsten Nukleinsäuren. Die DNS ist der »genetische Plan«, der die Zelle dazu veranlaßt, sich zu vollkommenen Reproduktionen ihrer selbst zu teilen – was sie in einem jungen Körper auch tut.

Dr. ALEX COMFORT, Leiter der Forschungsgruppe für Gerontologie am *University College* in London, erklärte, daß die Altersforschung ihr Ziel von mehreren Seiten in Angriff nähme. Eine davon sei etwa die Untersuchung der Frage, warum sich im Alter die Stoffwechselvorgänge verändern und das Immunsystem nicht mehr einwandfrei funktioniert.

Fünf Wissenschaftler des *Department of Nutrition and Food Science and Clinical Research Center* (Abteilung für Ernährungswissenschaft und Zentrum für Klinische Forschung) am Massachusetts Institute of Technology haben quantitative Untersuchungen über die Proteinsynthese bei Menschen aller Altersgruppen – von Säuglingen bis zu älteren Menschen – durchgeführt. Sie haben entdeckt, daß ein Kleinkind täglich 17,4 Gramm Protein verwertet, und daß die Menge mit zunehmendem Alter stetig abnimmt, bis hin zum älteren Menschen, der nicht mehr als 1,9 Gramm aufnehmen kann. Der Körper eines Säuglings war also dazu in der Lage, 17,4 Prozent der dargereichten Proteinmenge von

100 Gramm zu assimilieren, während der ältere Körper nur 1,9 Prozent derselben Menge verwerten konnte – und das, obwohl es sich bei beiden um qualitativ genau dieselben Proteine handelte.

Sie benötigen erstklassige Proteine

Was hat das für Konsequenzen für unsere Bemühungen, sich jung zu denken und jung zu sein? Es ist natürlich nicht möglich, derartige Mengen an Proteinen zu essen, daß selbst nur 1,9 Prozent davon eine ausreichende Menge ergäben. Nein, aus den Ergebnissen der obengenannten Untersuchung folgt eher, daß wir weit mehr auf die Qualität unser Proteine achten müssen: sie sollten immer erstklassig sein.

Die Ernährung von Völkern, die sich nachweislich durch ihre besondere Langlebigkeit auszeichnen – wie etwa der Hunzas im pakistanischen Karakorum, der Vilcabambas in Ecuador und bestimmter kaukasischer Stämme in der Sowjetunion –, ist offensichtlich so beschaffen, daß sie es dem Körper ermöglicht, einen viel höheren Prozentsatz der eingenommenen Proteine zu verwerten; der Proteinbedarf dieser Menschen ist schon mit fünfunddreißig bis fünfzig Gramm am Tag gedeckt, während etwa Nordamerikaner täglich mehr als einhundert Gramm Proteine zu sich nehmen. Die Körper dieser Menschen scheinen eindeutig die kleineren Mengen, die sie aufnehmen, besser zu verwerten, als Amerikaner oder Mitteleuropäer ihre größeren

Mengen. Allerdings sind deren und unsere Eßgewohnheiten grundverschieden. So besteht das Frühstück der Hunzas – wie übrigens das der meisten Himalayavölker – aus Tee mit Milch und Salz; die Vilcabambas essen viel Getreideprodukte und sonstige Samen; und im Kaukasus wird mit Sauermilch, Käse und Joghurt gefrühstückt.

Dr. RONALD E. GOTS, der Direktor des *National Medical Advisory Service,* hat eine Musterdiät zusammengestellt, die sich an die Ernährungsweise dieser und anderer langlebiger Volksstämme anlehnt, dabei aber unseren Eßgewohnheiten Rechnung trägt. Als Frühstück schlägt er beispielsweise vor:

½ Tasse naturreinen Joghurt mit einer in Scheiben geschnittenen mittelgroßen Banane;
2 Scheiben Vollkornweizentoast mit 50 Gramm Hüttenkäse oder Quark;
1 Eßlöffel Kirschmarmelade;
Kaffee oder Tee.

Dr. Franks Diät

Obwohl die meisten empfohlenen Verjüngungsdiäten wertvolle Dienste leisten, ist meiner Meinung nach die von Dr. BENJAMIN S. FRANK mit Abstand die beste; im Laufe seiner mehr als zwanzigjährigen Arbeit konnte er mit ihrer Hilfe schon unzähligen Patienten helfen. Diese Diät ist dafür konzipiert, allen Schäden entgegenzuwirken, die theoretisch durch freie Radikale, Zellverkettung, Zellwachstumsstörungen durch RNS- und DNS-Fehler und so weiter verursacht werden können. Seine eigene Theorie zur Erklärung des Alterns besagt, daß Umweltverschmutzung, Strahlung, ungesunde Ernährung und mangelnde körperliche Betätigung im Laufe der Jahre zu einem Energieverlust in den Zellen führen, wodurch dann die typischen Symptome des Alters auftreten.

Dr. Frank ist der Auffassung, daß die Lösung des Problems darin liegt, vorwiegend Nahrungsmittel mit überdurchschnittlich viel Nukleinsäuren zu sich zu nehmen. Fleisch, wie Steaks, Koteletts, Braten, dürfte nur einmal in der Woche auf Ihrem Speisezettel erscheinen; Leber sollte man auch nur einmal in der Woche essen, dafür aber um so häufiger Fisch und insbesondere Sardinen. Vermeiden Sie Konserven und essen Sie dafür viel frisches Obst und Gemüse. Wenn möglich, achten Sie darauf, daß das Gemüse organisch angebaut wurde, denn chemische Dünger laugen den Boden aus und entziehen ihm besonders die wichtigen Spurenelemente. Streichen Sie Zucker und denaturierte Kohlehydrate ganz oder reduzieren Sie deren Konsum auf ein Minimum.

Gehen Sie mit Salz, scharfen Gewürzen und fertigen Gewürzmischungen sparsam um; verwenden Sie an deren Stelle Kräuter. Sehr wichtig ist es, täglich mindestens vier Gläser Wasser zu trinken, außerdem zwei Gläser entrahmter Milch und ein Glas Gemüsesaft.

Der Gemüsesaft sollte wenn möglich jeden Tag

Dr. Franks Diät 99

mit der Gemüsepresse frisch hergestellt werden; achten Sie ansonsten darauf, nur naturreine Säfte ohne Konservierungsstoffe zu kaufen. Fügen Sie dem Saft einen Teelöffel bis zu allerhöchstens drei Eßlöffel Bierhefe hinzu – je nachdem, wie weit sich Ihr Körper schon daran gewöhnt hat. Rühren Sie in Ihre entrahmte Milch einen halben bis ganzen Eßlöffel Joghurtbioferment – das ist besonders gut für Ihre Darmflora.

Essen Sie täglich ein Ei, nach Möglichkeit von freilaufenden Hühnern; ebenso ist kalorienarmer Hüttenkäse oder Frischkäse zu empfehlen. Wenn Sie abnehmen möchten, verzichten Sie auf jeden anderen Käse, da er meist zuviel Fett enthält – zumindest bis Sie Ihr Idealgewicht erreicht haben. Essen Sie immer ausschließlich Vollkornbrot; ausgezeichnet ist Brot mit Weizen- oder anderen Keimen sowie Mehrkornbrot. Vergewissern Sie sich, daß das Brot keine Zusätze wie Konservierungsstoffe oder Zucker enthält.

Ein- bis zweimal in der Woche sollten Sie mindestens eine der folgenden Hülsenfruchtsorten essen: Erbsen, Bohnen, Sojabohnen oder Linsen. Zusätzlich zu einem frischen Salat außerdem täglich Spargel, Radieschen, Pilze, Spinat, Blumenkohl oder Stangensellerie; Sie können diesen Gemüsezusatz auch einfach in den Salat tun.

Wie schon mehrfach wiederholt, ist es sehr wichtig, Ihre Diät noch mit Vitaminen und Mineralstoffen anzureichern; zusätzlich sind Lebertran sowie RNS-Kapseln oder -Tropfen zu empfehlen. Knoblauch und Zwiebeln enthalten viele der

Nährstoffe, die in unseren gewöhnlichen Speisen fehlen; schneiden Sie also immer eine ganze Zwiebel in Ihren Salat. Wenn Sie sich vor dem Geruch von Knoblauch scheuen, können Sie statt dessen Knoblauchkapseln nehmen, die keinerlei Körpergeruch verursachen.

Zu Ihrer Verjüngungsdiät sollten auf alle Fälle wenigstens zwei bis drei Eßlöffel Lezithin täglich gehören; Sie können das Lezithin über jedes fertige Gericht streuen oder in Getränken auflösen. Weizenkeime sind auch ausgesprochen nährstoffreich und können in vielfältiger Weise verwendet werden.

Diese Diät ist sehr reich an Nukleinsäuren; sie enthält außerdem viel Flüssigkeit sowie Vitamine und Mineralstoffe. Die Nukleinsäuren sind durch die empfohlenen Nahrungsmittel so über die Woche verteilt, daß Sie auf eine tägliche Einnahmedosis von ein bis zwei Gramm kommen.

»Diese Diät«, schreibt Dr. FRANK, »ist völlig ungefährlich und hat sich immer wieder als sehr effektiv in bezug auf die Verlangsamung des Alterungsprozesses erwiesen; viele Menschen, die ernsthaft krank waren, konnten mit ihrer Hilfe geheilt werden.«

Und das ist noch ziemlich untertrieben, denn viele von Dr. Franks Patienten haben den Alterungsprozeß nicht nur verlangsamt, sondern geradezu umgekehrt und sind, was ihre äußere Erscheinung, Energie und Vitalität betrifft, um zehn bis fünfzehn Jahre »jünger« geworden.

Wenn Sie sich in ärztlicher Behandlung befinden,

Dr. Franks Diät 101

sich einer bestimmten Kur unterziehen oder bereits eine andere Diät befolgen, sollten Sie auf jeden Fall zuerst Ihren Arzt zu Rate ziehen und unsere Diät vorher mit ihm absprechen, da er zweifellos Ihren Gesundheitszustand am besten beurteilen kann.

8
Spannkraft durch körperliche Bewegung

Wenn Sie dem Altern entgegenwirken wollen, müssen Sie Ihre Muskeln in Bewegung halten, sonst werden Sie sehr bald anfangen einzurosten und Ihre Beweglichkeit mehr und mehr einbüßen. Jeder von uns hat den mühsam schlurfenden Gang sehr alter Menschen schon gesehen; ihre Schultern sind gebeugt, ihr Rücken ist krumm, und selbst den Kopf können sie nur noch mit Mühe heben. Das Gefährliche an einem solch allmählichen Niedergang ist, daß man in der Regel so gut wie nichts davon merkt, und selbst die Menschen in der engsten Umgebung registrieren ihn kaum. Es ist traurig, aber wahr: Wir finden uns ohne Schwierigkeiten mit einer negativen Tatsache ab, solange sie nicht plötzlich und überraschend eintritt.

Sich mehr als unbedingt nötig gehen zu lassen, gehört mit zu dem Schlimmsten, was Sie sich selbst antun können. Die Natur hat uns mit dem Körper eine »Maschine« geschenkt, die sich bis zu einem gewissen Grad ständig selbst erneuert – vorausgesetzt, wir halten ihre Gelenke und Lager gut geschmiert und alle Bestandteile in gleichmäßiger und reibungsloser Bewegung.

Übungen müssen nicht langweilig sein

Wenn die Rede auf körperliche Übungen kommt, fangen viele Teilnehmer in unseren Kursen an zu stöhnen; es müssen allerdings nicht unbedingt langweilige Kniebeugen oder Liegestütze gemeint sein; und es wird Sie überraschen zu hören, daß Sie nicht einmal unbedingt jeden Tag trainieren müssen. Wie Untersuchungen ergeben haben, genügt es schon, dreimal in der Woche zu trainieren, um die Muskeln auf zwei Drittel ihrer Leistungsfähigkeit zu bringen; und das wiederum reicht völlig aus, um sie in optimalem Zustand zu erhalten.

Es sind schon so viele verschiedene Arten körperlicher Übungen entwickelt worden, daß es eigentlich für niemanden eine Ausrede geben dürfte, seine Muskeln nicht etwas zu kräftigen. Eine der besten und zugleich einfachsten Übungen ist das Körperstrecken.

Wenn Muskeln beansprucht werden, kontrahieren, dehnen und entspannen sie sich; die Blutgefäße in und an den Muskeln folgen diesen Bewegungen, sie weiten sich und ziehen sich wieder zusammen. Wenn Ihr Körper also durch geeignete körperliche Übung innerlich stimuliert und in Schwung gebracht wird, beginnt das Blut richtig zu zirkulieren, und Sie erreichen somit weit mehr, als nur die Muskeln zu kräftigen. Wenn Sie die richtigen Bewegungen ausführen, pulsiert und strafft sich Ihr Gewebe, und das wirkt sich für Sie als ein angenehmes Gefühl von Spannkraft aus: Ein kräftiger Muskeltonus macht den ganzen Körper fest und wohlgeformt und schenkt Ihnen ein herrliches Gefühl von Lebendigkeit. Sie fühlen sich stark und leistungsfähig und können körperliche Übungen und Arbeiten über längere Zeit hinweg durchhalten, ohne zu ermüden. Beginnen Sie also damit, sich jeden Tag zu strecken, am besten direkt nach dem Aufwachen, wenn Sie noch im Bett liegen.

Wie ist Ihre körperliche Verfassung?

Mit Hilfe der folgenden Fragen können Sie herausfinden, inwieweit Ihr Körper noch reibungslos funktioniert.

1. Sind Sie beim Treppensteigen schon nach zehn Stufen außer Atem?
2. Macht es Ihnen Schwierigkeiten, einem Vortrag oder einer Unterrichtsstunde konzentriert von Anfang bis Ende zu folgen, selbst wenn Sie die Nacht davor acht bis zehn Stunden geschlafen haben?
3. Ist es schon vorgekommen, daß Sie einkaufen gingen und sich bereits nach kurzer Zeit irgendwo hinsetzen und ausruhen mußten?

Wenn Sie auch nur eine dieser Fragen mit »Ja« beantwortet haben, besteht durchaus die Möglichkeit, daß Sie sich bisher noch nicht ausreichend bewußt gemacht haben, wie wichtig körperliche Fitness ist!

Studenten, die schon von sich aus regelmäßig eine beliebige körperliche Übung ausführen oder Sport treiben, sind bei unseren Kursen eine wirkliche Seltenheit. Wenn man sie fragt, antworten die meisten: »Ach, ich tue schon genug für meinen Körper, wenn ich im Haus oder im Garten arbeite oder einkaufen gehe.«

Doch das reicht durchaus nicht aus, denn es gibt sehr unterschiedliche Arten körperlicher Betätigung, und nur diejenigen sind richtige und nützliche Übungen, die wirklich Ihren ganzen Körper beanspruchen; nur diese helfen Ihnen dabei, die überflüssigen Pfunde loszuwerden, Kraft und Ausdauer zu steigern, Spannungen abzubauen und Ihr Aussehen positiv zu verändern. Ja, durch körperliches Training werden Sie sogar geistig zu größerer Aktivität angeregt, und Sie fühlen sich und wirken auch insgesamt jünger.

Genau diese Erfahrung machte eine meiner Kursteilnehmerinnen, die zwar erst fünfunddreißig war, aber wesentlich älter aussah. Als sie mit dem Kurs begann, hatte sie zwanzig Pfund Übergewicht und keinerlei Interesse am Leben; sie war überhaupt nur zu uns gekommen, weil ihr Mann gedroht hatte, sich von ihr scheiden zu lassen, wenn sie nicht endlich etwas unternähme. Weil die Schule ihres Sohnes ganz in der Nähe ihrer Wohnung lag und einen Sportplatz mit einer richtigen, ausgebauten Joggingstrecke besaß, beschloß sie zu joggen. Ihr Sohn begleitete sie jeden Tag und lief mit, so daß die Sache schon bald anfing, ihr Spaß zu machen. Diese junge Frau tat überhaupt nichts von dem, was im Rahmen des Kurses an körperlichen und geistigen Maßnahmen verlangt wurde, außer eben zu joggen; sie befolgte kein bestimmtes Gesundheitsprogramm

Wie ist Ihre körperliche Verfassung? 107

und änderte auch nicht ihre Ernährungsweise, doch
nach Ablauf von drei Monaten hatte sie bereits
fünfzehn Pfund abgenommen, war quicklebendig
und vital und nahm wieder lebhaften Anteil an allem, was um sie herum geschah.

Wir hatten noch eine andere Teilnehmerin, die
Jogging als ihre spezielle Übung wählte. Als sie mit
unserem Kurs begann, war sie fünfundsechzig und
hatte sich bislang noch nie sportlich betätigt. Sie
fing sehr langsam an, aber nach mehreren Monaten
war sie immerhin schon imstande, eine Meile zu
joggen. Sie fühlte sich wohl und sah viel besser aus
und hatte wieder Interesse am Leben gefunden.
Aber das war noch nicht alles: Nach mehreren Jahren Jogging beschloß sie, an einem Marathonlauf
teilzunehmen, gewann und machte damit verständ-
licherweise Schlagzeilen. Mittlerweile ist sie fünfundsiebzig und hat schon acht oder neun Rennen
gewonnen; und weil man von keiner Frau – wie
eigentlich auch von keinem Mann – in diesem Alter
solche Leistungen erwartet, berichten die Zeitungen
jedesmal davon.

Jogging ist eine sogenannte *aerobische* Übung,
das heißt eine, die zwar den Sauerstoffverbrauch
steigert, aber nur insoweit, wie er durch die Atmung
auch gedeckt werden kann; anders verhält es sich
bei anaerobischen Übungen, zu denen jede Art von
Leistungssport zählt.

Vier Arten von Übungen

1. *Isotonische* Übungen halten den beanspruchten Muskel über längere Zeit hinweg in einem bestimmten, gleichbleibenden Spannungszustand; sie erzeugen Kraft, Flexibilität, Behendigkeit und die Fähigkeit zur Koordination verschiedener Körperteile und Bewegungen. Für diese Übungen benötigt man allerdings bestimmte motorbetriebene Geräte, wie sie etwa von Orthopäden verwendet werden.

2. Bei den *isometrischen* Übungen bleibt der beanspruchte Muskel eine gewisse Zeit »gleich lang«, dehnt sich also weder aus noch zieht er sich zusammen; so also etwa, wenn Sie eine Kniebeuge machen und in halbhockender Stellung verharren. Weitere solche Übungen bestehen etwa darin, die Fäuste zu ballen, den Bizeps zu spannen, die Handflächen fest gegeneinanderzupressen oder gegen eine nicht nachgebende Fläche – etwa eine Wand – zu drücken. Eine Folge dieser angespannten Reglosigkeit der Muskeln ist allerdings, daß isometrische Übungen die Durchblutung nicht fördern, daß sie also nicht so sehr wie die anderen zur Steigerung des allgemeinen Wohlbefindens und der Ausdauer beitragen.
Eine ausgezeichnete Übung zur Festigung und Entwicklung der weiblichen Brust geht folgendermaßen: Pressen Sie beide Handflächen gegeneinander, halten Sie dabei die Unterarme in Höhe der Brust und drücken Sie gleichzeitig die Ellbögen nach außen. Machen Sie diese Übung

Vier Arten von Übungen

fünfzehn- bis zwanzigmal am Tag, und nach sehr kurzer Zeit schon werden sich Ihre Brustmuskeln festigen, und Sie werden den Unterschied selbst deutlich erkennen.

3. *Aerobische* Übungen sind für Menschen am geeignetsten, die sich jahrelang nicht körperlich betätigt haben; sie können über eine längere Zeitspanne durchgehalten werden und üben eine stärkende Wirkung auf Lunge, Herz und Kreislauf aus. Zu den typischen aerobischen Übungen gehören etwa Spazierengehen, Wandern, Radfahren, Seilhüpfen, Handball, Tennis und dergleichen mehr – sofern man sie nicht als Leistungssport betreibt.

4. *Anaerobisch* heißen solche Übungen, bei denen der Sauerstoffverbrauch höher ist als die Zufuhr durch die Atmung und die daher den Muskeln mehr oder weniger große Mengen des dort gespeicherten Sauerstoffs entziehen. Formal können sowohl isotonische als auch isometrische Übungen anaerobisch sein; dann nämlich, wenn sie mit besonderem Kraftaufwand oder besonders lange ununterbrochen betrieben werden. Anaerobische Übungen sind beispielsweise Kurz- und Langstreckenlaufen, Schwimmen, Hanteltraining und Gewichtheben, Liegestütze, Kniebeugen und so weiter. Solche Übungen werden als Konditionstraining durchgeführt oder um besondere Muskelkraft aufzubauen.

Wie Sie selbst gemerkt haben werden, handelt es sich also eigentlich hierbei um zwei mal zwei Arten

von Übungen: Die ersten zwei unterscheiden sich
durch die spezielle Art der Muskelbeanspruchung,
die anderen zwei durch den jeweils erfolgenden
Sauerstoffverbrauch; es ist also möglich, isotonische oder isometrische Übungen sowohl aerobisch
als auch anaerobisch zu betreiben, und durch die
verschiedenen Zusammenstellungen ergeben sich
auch tatsächlich vier verschiedene Arten von Trai-
ningsmöglichkeiten.

Das beste Trainingsprogramm ist für uns auf alle
Fälle dasjenige, welches eine umfassende Leistungsfähigkeit zum Ziel hat; Sie sollten immer mit Auf-
wärmübungen beginnen, gefolgt von Konditions-
übungen; als Abschluß könnten Sie irgendeine
Sportart wählen, die Ihnen Spaß macht – sei es
Schwimmen, Tennis, Jogging, Radfahren oder was
auch immer.

Mir hat es nie Spaß gemacht, Gymnastik zu treiben, bis ich einmal entdeckte, daß Tanzen ein aus-
gezeichnetes und sehr effektives Training ist. Sie
sollten sich grundsätzlich etwas aussuchen, was
Ihnen Spaß macht; dann betrachten Sie es auch
nicht mehr als eine Pflichtübung, sondern als ein
Vergnügen.

Verlieren Sie nicht den Mut!

Eines dürfen Sie nie vergessen: Das Wichtigste,
wenn Sie ein richtiges Übungsprogramm aufziehen
wollen, ist, nicht den Mut zu verlieren. Sehr viele
Menschen haben seit Ihrer Schulzeit überhaupt kei-

Verlieren Sie nicht den Mut! 111

nen Sport mehr getrieben; und so oder so wird es
wenigstens einundzwanzig Tage dauern, bis Sie sich
an die neue Art körperlicher Betätigung gewöhnt
haben. Halten Sie also einfach durch, komme, was
da wolle, und seien Sie nicht zu streng mit sich
selbst, wenn die Sache anfangs nicht ganz so läuft,
wie Sie es sich vorgestellt hatten.

Schon oft haben Teilnehmer an unseren Kursen gefragt, ob Menschen, die neunzig oder gar
hundert und älter werden, ihre besondere Langlebigkeit einem bestimmten Übungsprogramm zu
verdanken haben. Wir können aber immer wieder
feststellen, daß die meisten dieser Menschen sich
zwar im Laufe ihres Lebens vielfältig körperlich
betätigten – etwa mit Gartenarbeit, Jogging, Spazierengehen – dies jedoch nicht als ein »Programm« auffaßten, sondern als Teil ihres normalen Tagesablaufs.

Dr. GABE MIRKIN von der *University of Maryland*
hat entdeckt, daß körperliches Training eine ganze
Reihe interessanter positiver Auswirkungen auf den
Gesamtzustand des Menschen hat – darunter sogar
eine Steigerung der sexuellen Leistungsfähigkeit. Er
ist der Auffassung, daß solche Übungen am wichtigsten sind, die das Herz beanspruchen – so zum
Beispiel Jogging, Schlittschuh- und Rollschuhlau-
fen, Radfahren, Seilhüpfen und Skilanglauf – und
meint, daß man einige dieser Sportarten auch
durchaus zu Hause ausüben könne, falls es aus ir-
gendeinem Grunde nicht möglich sei, ins Freie zu
gehen. Der Nachteil bei solchen »Trockenübungen« am Heimtrainer ist allerdings, daß sie recht

bald langweilig werden; und Sie sollten ja immer Spaß an der Sache haben!

Dr. Mirkin schreibt, daß man sich bei einem solchen Herztraining bemühen muß, eine Pulsfrequenz von einhundertzwanzig zu erreichen; er verschweigt allerdings auch nicht, daß Menschen über Fünfunddreißig sich zuerst ein Belastungs-EKG vom Arzt machen lassen sollten, um festzustellen, wie sich ihr Herz bei erhöhter Beanspruchung verhält. Mit Hilfe eines solchen Elektrokardiogramms wird Ihnen Ihr Arzt genau sagen können, wie weit Sie Ihren Puls risikolos beschleunigen können.

Ein bißchen ist besser als gar nichts

Vielleicht glauben Sie, daß Ihnen die Zeit fehlt, soviel Sport zu treiben, wie Sie eigentlich gerne möchten; und viele Menschen stehen ja auf dem Standpunkt, daß man etwas entweder richtig oder gar nicht tun sollte. Wenn es um körperliches Training geht, ist allerdings ein bißchen immer noch besser als nichts: Jede Übung zahlt sich aus, und wenn Sie schon seit Jahren keinen Sport mehr getrieben haben, dann dürfen Sie sich zu Anfang nur gerade so viel vornehmen, wie Sie auch durchhalten können. Dann versuchen Sie, sich allmählich zu steigern.

Es gibt drei Warnsignale, mit denen Ihr Körper Ihnen mitteilt, daß Sie die Belastung zu weit treiben: Schmerzen in der Brust, während Sie eine bestimmte Übung ausführen; Herzklopfen, nachdem Sie sich bereits vier bis fünf Minuten von der An-

Ein bißchen ist besser als gar nichts

strengung ausgeruht haben; Schwindelgefühl. Wenn auch nur eines dieser Symptome auftritt, stellen Sie Ihr Übungsprogramm vorläufig ein und lassen Sie sich vom Arzt untersuchen.

Die Akten des *President's Physical Fitness Council* enthalten einen sehr interessanten Fall, der im Zusammenhang mit Jogging steht. Ein Arzt aus Texas berichtete von einem seiner Patienten, der nach mehreren Herzinfarkten so depressiv geworden war, daß er sich entschlossen hatte, seinem Leben ein Ende zu setzen. Da er aber seiner Frau wenigstens den Skandal ersparen wollte, beschloß er, die Sache so einzufädeln, daß sein Tod wie ein Unglücksfall aussehen würde; so begann er zu joggen und hoffte, sich auf die Art buchstäblich totzulaufen.

»Beim ersten Versuch«, schrieb der Arzt,»brach er auch tatsächlich zusammen, starb aber nicht und versuchte es anderntags noch einmal; er setzte seine Bemühungen, sich zu Tode zu joggen, wirklich eine ganze Woche lang fort. Doch am Ende dieser Woche ging es ihm schon etwas besser; und bald fühlte er sich viel kräftiger und fröhlicher, daß er seine Absicht fallenließ und beschloß weiterzuleben.«

Zahlreiche Psychiater haben wiederholt festgestellt, daß körperliche Übungen (allerdings nicht so extrem betrieben!) Gemütskranke wirklich von ihren Ängsten und Depressionen heilen können.

Drei Fitneßübungen, die rasche Erfolge bewirken

Nach meiner Erfahrung bringen die folgenden drei Übungen, in kürzester Zeit und bei geringstem finanziellem Aufwand, die besten Erfolge und sind außerdem für die meisten von uns am leichtesten durchzuführen.

1. Besonders für müde Hausfrauen zu empfehlen ist der *Aerobictanz*. Aerobic ist eine seit einigen Jahren auch in Deutschland beliebte Form von tänzerischem Konditionstraining zu rhythmischer Musik; welche musikalische Begleitung Sie dazu auswählen, bleibt ganz Ihnen überlassen, da es dabei nur darauf ankommt, daß Sie wenigstens fünfzehn Minuten lang mit Vergnügen tanzen können und sich dabei so bewegen, hüpfen und die Beine möglichst hoch werfen, daß Ihr Herzschlag auf eine Frequenz von hundertzwanzig Schlägen in der Minute beschleunigt wird. Wenn Sie zu Beginn Ihres Trainings schon fünfundvierzig oder älter sind, sollten Sie Ihrem Herzen allerdings etwas weniger zumuten, und je älter Sie sind, desto weniger; wenn Sie siebzig Jahre oder mehr zählen, sollten Sie Ihren Puls auf nicht mehr als hundert hochtreiben. Natürlich gilt diese Einschränkung nicht, wenn Sie schon Ihr Leben lang Sport getrieben haben beziehungsweise wenn Ihr Arzt Sie gründlich untersucht und eine solche Belastung für unbedenklich erklärt hat. Seien Sie auf jeden Fall auch nicht übervorsichtig, wenn es um körperli-

Drei Fitneßübungen, die rasche Erfolge bewirken 115

ches Training geht; der schwedische Sportarzt
Dr. P. OSTRAND meint dazu:»Man kann allgemein sagen, daß mäßige Bewegung für den gesunden Menschen auf jeden Fall weniger schäd-
lich ist als überhaupt keine.«
2. *Jogging* ist gleichfalls für die meisten Menschen
– Männer wie Frauen – sehr zu empfehlen. Das
einzige, was Sie dazu brauchen, sind bequeme,
nicht zu enge Schuhe; es ist wirklich nicht notwendig, spezielle Renn- oder Joggingschuhe zu
kaufen. Voraussetzung ist dann allerdings, daß
Sie nicht auf Asphalt, also auf Bürgersteigen
oder Radwegen laufen, sondern auf Erde oder
Gras. Ist es Ihnen aber, aus welchen Gründen
auch immer, nicht möglich, auf weichem, federn-
dem Boden zu joggen, dann sollten Sie schon
darauf achten, daß Sie geeignetes Schuhwerk mit
dicker, elastischer Sohle tragen. Sehr wichtig ist
es, niemals an stark befahrenen Straßen zu joggen, weil Sie sonst Ihrem Körper durch eingeat-
mete Auspuffgase mehr Schaden zufügen, als Sie
ihm durch die Bewegung Gutes tun.
Fangen Sie langsam an; wenn Sie noch nie ge-
joggt haben, gehen Sie ein paar Tage lang nur.
Dann beginnen Sie, kürzere Strecken in gemäch-
lichem Lauftempo einzulegen und steigern sich
langsam. Sobald Sie müde werden, gehen Sie ein
Stück im Schrittempo, bis Sie sich ausgeruht fühlen; dann laufen Sie wieder. Schon nach einer
Woche werden Sie selbst merken, um wieviel
besser es Ihnen körperlich und geistig geht! Sie
sollten allerdings insgesamt wenigstens zwanzig

Minuten lang joggen, weil die Übung sonst kaum etwas nützt.

3. Eine weitere Übung, die meiner Meinung nach ausgezeichnet wirkt, ist das *Seilhüpfen*. Mit nur fünfzehn Minuten Seiltraining am Tag können Sie die Fettpölsterchen an Oberschenkeln, Hüften und Gesäß – mit denen gerade Frauen die meisten Schwierigkeiten haben – in recht kurzer Zeit abbauen. Fünf Minuten Seilspringen ist so gut wie ein Satz Tennis oder neun Löcher beim Golf; und das allerbeste an dieser Übung ist, daß Sie sie praktisch überall durchführen können! Der Raum, den Sie dazu benötigen, braucht nicht viel größer als ein Kleiderschrank zu sein – Sie können es also im Büro, neben Ihrem Schreibtisch tun, in der Küche oder wo auch immer Sie mögen. Wenn Sie Musik dazu laufen lassen, fällt es Ihnen leichter, ein gleichmäßiges Tempo einzuhalten, und es macht außerdem mehr Spaß. Fangen Sie mit zehn Sprüngen an und steigern Sie sich dann langsam, jeden Tag drei oder vier mehr, bis Sie es auf fünfhundert bis tausend Sprünge oder aber auf eine Trainingsdauer von fünfzehn Minuten gebracht haben.

Nun einige praktische Tips:

1. Frauen sollten beim Seilspringen grundsätzlich einen Büstenhalter tragen.
2. Schwingen Sie das Seil aus dem Handgelenk; zuviel Armarbeit macht Sie unnötig schnell müde.

Fühlen Sie Ihren Puls

3. Hüpfen Sie ganz leicht, wie ein Blatt, das sacht zu Boden fällt, und landen Sie immer auf dem Fußballen.
4. Atmen Sie immer durch die Nase.
5. Schauen Sie nicht auf das Seil; richten Sie die Augen geradeaus.
6. Wenn Sie einen großen Spiegel haben, stellen Sie sich zum Springen davor; das gibt Ihnen die Möglichkeit, auf Körperhaltung und Muskelbewegung zu achten.
7. Wenn Sie müde werden, halten Sie an und beugen Sie sich vornüber; strecken Sie Ihren Körper; berühren Sie Ihre Zehen und atmen Sie dabei tief ein; stützen Sie sich mit den Fingern oder, wenn Sie es schaffen, mit den Handflächen auf dem Boden auf und atmen Sie dabei durch die Nase ein und durch den Mund wieder aus. Lassen Sie Ihren Oberkörper tief hängen und bleiben Sie in dieser Stellung, bis Sie sich wieder ausgeruht fühlen; dann fangen Sie wieder an zu springen.
8. Stoppen Sie immer Ihre Zeit; nach Ablauf der Eingewöhnungszeit sollten Sie täglich mindestens fünfzehn Minuten springen.

Fühlen Sie Ihren Puls

Lernen Sie, Ihren Puls zu fühlen; Sie können dann selbst beurteilen, wieviel Bewegung Sie brauchen. Zu dem Zweck können Sie entweder die Hand auf die Herzgegend legen oder eine der zwei Halsschlagadern berühren; legen Sie dazu den Daumen der rechten Hand an die Kinnspitze, dann können Sie mit den Fingern ohne Schwierigkeit die Schlagader fühlen, die vorn entlang des Muskelstranges an der Seite des Halses verläuft. Nachdem Sie den Puls gefunden haben, zählen Sie sechs Sekunden lang *sorgfältig* die Schläge. Zählen Sie zuerst im Ruhezustand; und *genau* sechs Sekunden lang. Wenn Sie das Ergebnis mit zehn multiplizieren, haben Sie Ihren Puls im Ruhezustand. Bewegen Sie sich dann fünfzehn Minuten lang energisch; wenn Sie anschließend wieder Ihren Puls messen, müßte er – vorausgesetzt, Sie sind gesund – auf hundert bis hundertzwanzig Schläge angestiegen sein, je nachdem, wie alt Sie sind. Wenn Sie auf mehr als hundertzwanzig kommen, verringern Sie das Tempo Ihrer Übungen.

Sie müssen wenigstens dreimal in der Woche trainieren, und zwar so über die Woche verteilt, daß Sie nie mehr als zwei Tage überspringen; andernfalls werden Sie keine Fortschritte machen. In drei bis sechs Monaten können Sie Ihre körperliche Bestform erreichen, und die müssen Sie dann durch regelmäßiges Training aufrechterhalten. Vorsicht: Wenn Sie mit dem Üben aussetzen, sind Sie nach spätestens fünf Wochen wieder da, wo Sie am Anfang waren!

Vielleicht wird es Ihnen wie einer unserer ersten Kursteilnehmerinnen gehen: Allein die Vorstellung, körperliche Übungen auszuführen, war ihr zuwider, doch sie willigte ein, es zumindest für die Dauer des Kurses zu versuchen. Am Ende dieser Frist hatte sie

Fühlen Sie Ihren Puls

zwanzig Pfund abgenommen, sah zehn Jahre jünger aus und fühlte sich sogar um fünfundzwanzig Jahre verjüngt. Sie war von der positiven Wirkung der Übungen hellauf begeistert, nannte sie »ihren Jungbrunnen« und sagte, sie wolle nie wieder damit aufhören. Das Leben war auf einmal wieder schön für sie, während sie noch kurze Zeit vorher beim Gedanken, daß ein weiterer öder Tag sie erwartete, morgens kaum aus dem Bett gekommen war.

Nachfolgend auf Seite 120 finden Sie eine Tabelle, die Sie zur Überwachung von Herz und Kreislauf im Rahmen des von Ihnen gewählten Trainingsprogramms verwenden können. Fühlen Sie Ihren Puls und tragen Sie die Werte ein; so können Sie Ihre Fortschritte feststellen. Sie sollten so vorgehen: Messen Sie Ihren Puls und tragen Sie den Wert in der zweiten Spalte ein; sobald Sie Ihre Übung beendet haben, messen Sie erneut und tragen die Zahl in der dritten Spalte ein. Anschließend warten Sie fünf Minuten ab (aber nicht länger) und messen zum dritten Mal; jetzt sollte Ihr Puls wieder auf die Anfangsgeschwindigkeit zurückgegangen sein.

Weichen Sie nie vom einmal erreichten Leistungsniveau wieder ab, außer es liegen wirklich zwingende Gründe vor. Der Erfolg hängt einzig und allein von Ihnen selbst ab: Also, an die Arbeit!

Trainingstabelle

(Springen Sie in einem Rhythmus von etwa siebzig Sprüngen
in der Minute)

Dauer in Minuten	Puls im Ruhezustand	Puls in Aktion	Puls nach Erholung

9
Die Spiegelbildtechnik

Es gibt ein für unser Vorhaben sehr wichtiges Geheimnis, von dem nur wenige Menschen wissen: Das Unterbewußtsein kann nicht zwischen einer realen und einer vorgestellten Erfahrung unterscheiden! Erstaunlich, nicht wahr? Ihr Unterbewußtsein merkt nicht, ob etwas »außen« geschieht oder ob es »innen« vorgestellt wird. Jeder, der um diese einfache Tatsache weiß, kann sein Unterbewußtsein zu vielfältigen Zwecken einspannen, fast jedes Ziel erreichen und nahezu jeden Traum verwirklichen. Das ist ein Gesetz des Geistes, das immer funktioniert, wenn Sie es nur richtig handhaben.

Die Technik, die auf diesem Gesetz aufbaut, ist schon in vielen Sportarten angewandt worden. Golfmeister haben diese Imaginationstechnik dazu benutzt, um aus ihren Schülern perfekte Spieler zu machen, Skiläufer haben auf diese Art gelernt, die steilsten Abhänge völlig entspannt und formvollendet hinunterzufahren. Mit dieser Methode kann man mit sinnvollen Trockenübungen an Land schwimmen lernen; wenn man dann zum ersten Mal ins Wasser steigt, schaltet sich das Unterbewußtsein ein, und man kann vom ersten Augenblick an schwimmen.

Vor einigen Jahren wurde ein Versuch mit Basketballspielern an einer berühmten Universität durchgeführt. Man teilte die Spieler zu diesem Zweck in zwei Gruppen ein; die erste Gruppe übte in der Turnhalle Körbe werfen, während die andere das Spielfeld überhaupt nicht betrat, sondern in einem Vorlesungsraum saß und in der Phantasie übte. Die Spieler stellten sich vor, den Ball zu werfen und dabei jedes Mal den Korb zu treffen. Nach einem Monat hatte sich die Trefferquote der Gruppe, die körperlich trainiert hatte, um achtzehn Prozent verbessert, die der anderen aber um neunzehn Prozent.

Untersuchungen haben ergeben, daß jedesmal, wenn beispielsweise ein Basketballspieler sich vorstellt, daß er wirft und den Korb trifft, sich die an der real dafür notwendigen Bewegung beteiligten Muskeln ganz leicht kontrahieren – so leicht, daß man es nur durch eigens angebrachte Elektroden feststellen kann; diese Tatsache erklärt die ansonsten völlig unbegreiflichen Erfolge des »Phantasietrainings«.

Viele von Ihnen glauben wahrscheinlich, so etwas sei vielleicht beim Sport möglich, kaum aber, wenn es darum geht, sich jung zu denken und jung zu bleiben. Glücklicherweise spielt es überhaupt keine Rolle, ob Sie das zunächst glauben oder nicht: Wenn Sie die Technik gewissenhaft anwenden, wird Ihr Unterbewußtsein nach einiger Zeit die neue Wahrheit akzeptieren – und dann wird Ihre Skepsis schon verfliegen!

Es ist wieder an der Zeit, Sie daran zu erinnern,

daß Sie ein ganzheitlicher Mensch sind und deshalb
auf allen Ebenen Ihrer Person arbeiten müssen –
auf der physischen Ebene durch Anwendung einer
bestimmten Diät und durch körperliche Übungen –
und auf der geistigen durch die Technik des Spie-
gelbilds und der Einbildung oder Imagination; und
denken Sie stets daran, daß Sie als spirituelles Wesen unendlich größer und wunderbarer sind, als Sie
es sich vorstellen können.

Ihr Unterbewußtsein funktioniert ganz mecha-
nisch, selbst wenn Sie anfangs nicht restlos davon
überzeugt sein sollten – also bleiben Sie dabei! Machen Sie weiter, in ganz kurzer Zeit wird Ihr Geist
nachgeben, und dann werden auch Sie überzeugt
sein! Bei manchen Studenten hat es nur einundzwanzig Tage gedauert, bis es soweit war, bei einigen etwas länger.

Aus Ungläubigkeit wird Glaube

Wenn Sie nur die entsprechende Ausdauer aufbringen, wird Ihr Geist eine neue Denkgewohnheit an-
nehmen. Mögen Sie anfangs auch noch so skeptisch
sein: Wenn Sie durchhalten und die Spiegel- und
die Phantasietechnik anwenden, wird Ihre Ungläu-
bigkeit von Mal zu Mal weiter abnehmen und zu-
sammenschrumpfen, bis Sie schließlich den Wende-
punkt erreichen. An diesem Punkt macht Ihr Geist
gleichsam eine Kehrtwendung, und neue Gedanken
beginnen, in Ihrem Bewußtsein aufzutauchen – Gedanken wie:»Na ja, vielleicht kann ich ja wirklich

aufhören, älter zu werden!« oder: »Vielleicht bringe ich es tatsächlich fertig, mich bedingungslos zu mögen!«

Wenn Sie also täglich die Technik anwenden, wird Ihre Skepsis immer kleiner und kleiner, bis eines Tages ein ganz kleiner Glaube an ihre Stelle tritt. Dieser winzig kleine Glaube aber wächst und wächst, bis Sie schließlich eines wunderschönen Morgens aufwachen und freudig überrascht feststellen, daß Sie es sich angewöhnt haben, *etwas Positives zu glauben;* dann wird Ihr Denken und Fühlen die positive Arbeit aufnehmen und nach und nach alle Körperfunktionen radikal umkehren, die bislang daran mitgewirkt hatten, Sie unausweichlich zu Verfall und Alter hinzuführen.

Zunächst stellt der Geist auf allen Bewußtseinsebenen Ihren Alterungsprozeß allmählich ab, und anschließend beginnt er, die Entwicklung umzukehren; sie also zu verjüngen. Das einzige Geheimnis dabei ist: durchhalten und weitermachen, gleichgültig, was passiert, und selbst wenn Sie gelegentlich alle Zuversicht verlieren sollten! Versuchen Sie es einfach weiter!

Der geistige Aspekt unseres Verjüngungsprogramms gliedert sich in zwei hauptsächliche Schritte: Zuerst müssen Sie sich akzeptieren, so wie Sie sind; dann können Sie darangehen, sich »umzudenken«.

Akzeptieren Sie sich so, wie Sie sind!

Bevor irgendwelche Fortschritte eintreten können, in welchem Lebensbereich auch immer, *müssen* Sie sich so akzeptieren, wie Sie jetzt in diesem Augenblick sind. Es ist doch leicht einzusehen: Damit *Sie* sich selbst ändern können, müssen *Sie* die Fähigkeit dazu haben; und wenn die Veränderung, wie in unserem Falle, über das Unterbewußte erfolgen soll, müssen Sie daran *glauben,* daß Sie diese Fähigkeit besitzen. Solange Sie sich aber für unzulänglich, für schlecht oder für einen Versager halten, werden Sie nie die seelische Energie aufbringen, wirklich zu glauben, daß Sie imstande sind, eine positive Veränderung bei sich selbst herbeizuführen.

Vergessen Sie nie: Wie auch immer Ihre Vergangenheit gewesen sein mag, was für ein negatives, mißratenes Leben Sie auch geführt, wie viele haarsträubende, entsetzliche Fehler Sie begangen haben mögen – es spielt überhaupt keine Rolle! Machen Sie sich bewußt: Das, was Sie getan haben, war bei Ihrer bestimmten frühkindlichen Prägung und Ihrem damaligen Wissensstand das Beste, was Sie eben tun konnten.

Selbst wenn er einen Fehler nach dem anderen begeht, gibt doch wohl jeder Mensch stets sein Bestes. Auch wenn er gerade einen Fehler begeht, ist *das* eben sein Bestes. Also akzeptieren Sie sich jetzt, in diesem Augenblick, so wie Sie sind; und dann lassen Sie uns einen neuen Anfang machen und zur Verwirklichung immer größerer Möglichkeiten schreiten, die in Ihnen stecken.

Ein gutes Beispiel dafür war eine unserer Studentinnen, die als Kind unterdrückt und viel gescholten worden war. Unglücklicherweise hat eine solche Erziehung die starke Tendenz, sich über die Generationen zu reproduzieren und dadurch zu verewigen; und so erlebten *ihre* Kinder dieselbe Behandlung und wurden ebenfalls fortwährend ausgeschimpft. Sie machte sich unbewußt heftige Vorwürfe und verurteilte sich selbst so gnadenlos, daß es nahezu unmöglich schien, diese negative Erfahrung zu überwinden.

Nun hatte sie zwar keinerlei Hoffnung, daß etwas Positives daraus erwachsen würde, wandte aber trotzdem die Spiegeltechnik an: Sie akzeptierte sich, so wie sie war, und zwar trotz der vielen Fehler, die sie begangen, und der Schmerzen, die sie anderen zugefügt hatte. Nachdem sie die Übung eine Zeitlang ohne rechte Überzeugung durchgeführt hatte, erkannte sie, daß sie sich aufgrund ihrer eigenen falschen Erziehung überhaupt nicht anders hätte verhalten können; sie verzieh sich selbst und nahm sich wirklich so an, wie sie war.

Und dann geschah ein kleineres Wunder: Indem sie sich selbst verzieh, war sie plötzlich auch dazu imstande, ihr Verhalten den Kindern gegenüber von Grund auf zu ändern, und wurde schließlich eine ebenso wunderbare Mutter, wie sie zuvor ein ewig keifendes Scheusal gewesen war!

Die Spiegeltechnik

Die Spiegeltechnik funktioniert folgendermaßen:

1. Sobald Sie morgens aufgestanden sind, gehen Sie – ungekämmt, unrasiert, ungeschminkt, eben so wie Sie sind – zum Spiegel, schauen Sie sich fest in die Augen und sagen Sie mit soviel Nachdruck und Gefühl wie möglich: *»Ich mag mich selbst BEDINGUNGSLOS.«* Wenn die Umstände es nicht erlauben, das laut auszusprechen, murmeln Sie zumindest die Worte vor sich hin. Es wird im Laufe des Tages wenigstens einen oder zwei Augenblicke geben, in denen Sie völlig ungestört sind, und dann sollten Sie erneut in den Spiegel schauen und den Satz laut wiederholen.

2. Bevor Sie nachts zu Bett gehen, wiederholen Sie, als letzte Handlung Ihres Tages, die Übung noch einmal; schauen Sie auch dann in den Spiegel und sagen Sie zu sich selbst: *»Ich mag mich selbst BEDINGUNGSLOS.«*

Das Schlüsselwort bei der Übung ist *»bedingungslos«*: Es bringt zum Ausdruck, daß Sie sich *ohne jedes Wenn und Aber* so nehmen, wie Sie sind. Unser ganzes Leben lang haben wir Bedingungen an unsere Gefühle uns selbst gegenüber geknüpft; wer kennt solche Gedanken nicht: »Oh ja, ich könnte mich durchaus selbst mögen . . ., wenn ich nur erst zwanzig Pfund abgenommen hätte!« – oder aufhören könnte zu rauchen, meinen Jähzorn überwinden und so weiter. Solche implizit negativen, einschränkenden Sätze scheinen wirklich andauernd unser ganzes Denken zu bestimmen.

Und darum ist es jetzt unumgänglich, daß Sie alle Bedingungen, alle Einschränkungen vom Tisch fegen und sich selbst so akzeptieren, wie Sie in diesem Augenblick sind.

Ihre ersten Reaktionen auf dieses neue Verhalten werden möglicherweise etwas merkwürdig sein. Ganz bestimmt werden Sie tief innen ein unbehagliches Gefühl verspüren; werden vielleicht herzhaft lachen oder aber anfangen zu weinen. Ein Kursteilnehmer brach jedesmal in Tränen aus, wenn er den Satz vor dem Spiegel aussprach, weil er als Kind so einsam gewesen war und sich so sehr von der ganzen Umwelt abgelehnt gefühlt hatte, daß er sich beim besten Willen nicht vorstellen konnte, wie irgend jemand ihn mögen sollte. Er war darauf gedrillt worden zu glauben, er sei ein völlig wertloser Mensch; und Sie können sich wohl vorstellen, wie schwer es sein muß, sich mit einer solchen Einstellung selbst gern zu haben!

Anfangs nehmen sich nur sehr wenige Menschen die Behauptung ab, daß sie sich selbst mögen; und wenn Sie in den ersten Tagen das Gefühl haben, daß das bei Ihnen der Fall ist, müssen Sie auf der Hut sein, denn Ihr Unterbewußtsein neigt, wie gesagt, leicht dazu, Ihnen Streiche zu spielen.

Ein Student kam eines Tages zu mir und meinte, diese Übung falle ihm ganz leicht, weil er nie irgendwelche Schwierigkeiten dabei gehabt habe, sich selbst zu mögen. Ja, fuhr er fort, er würde die Übung nicht einmal durchführen, da sie – bei dem

Die Spiegeltechnik 129

Ausmaß an Zuneigung, das er sich selbst entgegenbringe – reine Zeitverschwendung wäre. Ich gab mir die größte Mühe und versuchte ihn zu überreden, es trotzdem zu tun, aber er weigerte sich rundheraus. Im Laufe dieses Kurses machte er keine erkennbaren Fortschritte, und als der nächste Kurs angekündigt wurde, schrieb er sich merkwürdigerweise auch für diesen wieder ein. Er gestand mir dann im Vertrauen, daß er sich die Sache nicht anders erklären könne, als daß er irgend etwas falsch gemacht haben müsse: Warum sonst wären die Erfolge ausgeblieben? Und obwohl er immer noch das Gefühl hatte, die Spiegeltechnik eigentlich nicht nötig zu haben, erklärte er sich bei diesem zweiten Durchgang bereit, sie durchzuführen.

Bis zum Ende dieses Kurses hatte er einige sehr überraschende Dinge aus den Tiefen seines Unterbewußten zutage gefördert: Er entdeckte zum Beispiel, daß er nur oberflächlich geglaubt hatte, sich selbst zu mögen; in Wirklichkeit hatte diese seine Haltung nur dazu gedient, tiefsitzende Haß- und Zorngefühle zu verschleiern, die er seiner Mutter entgegenbrachte, ohne jemals fähig gewesen zu sein, sie zu artikulieren.

Wenn ein Kind solche Gefühle hegt, ist es gezwungen, sie tief in seinem Innern zu verbergen, weil man ihm beigebracht hat, daß es sich nicht gehört, Vater oder Mutter zu hassen. An diesem Punkt setzen die Schuldgefühle ein, und das Kind muß zwangsläufig anfangen, diese unangenehmen Empfindungen zu unterdrücken und zu verdrängen, um überhaupt überleben zu können.

Es war also keine angenehme Entdeckung, die dieser Student machte; doch um solche negativen Gefühle überhaupt beseitigen zu können, muß man zuallererst anerkennen, daß sie da sind; erst dann kann man sich selbst verzeihen, sich so akzeptieren, wie man ist, und einen neuen Anfang versuchen. Kaum hatte er das geschafft, fing er auch an, wirkliche Fortschritte zu machen: Seine Schuldgefühle waren der Grund dafür gewesen, daß sein ganzes bisheriges Leben so auf Versagen programmiert gewesen war.

Es ist auf alle Fälle sehr empfehlenswert, sich im Laufe des Tages mehrmals zu sagen, daß Sie sich bedingungslos mögen – auch ohne dabei in den Spiegel zu schauen; es werden sich ganz bestimmt viele Gelegenheiten bieten, in denen diese Technik Sie vor den seelischen Auswirkungen einer negativen Erfahrung bewahren kann, die Ihnen sonst den ganzen Tag verderben könnte.

Stellen Sie sich zum Beispiel vor, Ihr Chef hat Krach mit seiner Frau gehabt und läßt nun den Ärger an Ihnen aus; in dem Augenblick müssen Sie sich leise sagen: »Ich mag mich *bedingungslos*«, und Sie werden überrascht sein, wie ruhig Sie dann bleiben; nichts, was Ihr Chef an negativen Äußerungen losläßt, wird Ihre seelische Verfassung noch in irgendeiner Weise beeinträchtigen können.

Oder wenn Ihr Mann oder Ihre Frau einen schlechten Tag hat und in einem fort an Ihnen herumnörgelt, wenden Sie wieder diese simple Technik an, und Sie werden sich nicht zu einer unbedachten Reaktion hinreißen lassen; und das wird es Ihnen

Die Spiegeltechnik

wiederum ermöglichen, völlig Herr der Lage zu bleiben. In einer solchen Situation behält immer derjenige die Oberhand, der sich nicht aus der Ruhe bringen läßt.

Es gibt aber eine äußerst wichtige Bedingung, damit die Spiegeltechnik auch wirklich funktioniert: Sie müssen diese Übung mindestens *einundzwanzig Tage hintereinander* durchführen; und wenn Sie auch nur einen Tag auslassen, müssen Sie mit der Zählung wieder von vorn anfangen. Der Grund dafür ist, daß man mindestens einundzwanzig Tage braucht, um sich etwas Neues – und wäre es die einfachste Sache der Welt – anzugewöhnen; und genau das ist es, was Sie tun: Sie gewöhnen es sich an, sich selbst bedingungslos zu mögen. Es ist ratsam, über die einundzwanzig Tage sorgfältig Buch zu führen und zu diesem Zweck jeden Tag, an dem Sie Ihre Übung ausgeführt haben, auf dem Kalender abzuhaken.

Eine Warnung auf den Weg: Wenn Sie eine sehr unglückliche Kindheit hinter sich haben, kann es durchaus bedeutend länger dauern als einundzwanzig Tage, bis Sie in Ihrem Inneren die angestrebte positive Reaktion verspüren. Aber gleichgültig, wie lang es dauert – bleiben Sie dabei; und früher oder später werden auch Sie sich daran gewöhnen, sich selbst wirklich zu mögen.

Viele Kursteilnehmer fragen, wie sie es denn merken sollen, ob dieses Gefühl sich fest in ihrem Unterbewußtsein etabliert hat. Aber keine Angst: Wenn es soweit ist, daß Sie sich selbst bedingungslos mögen, wird es diesbezüglich auch keinerlei Ungewißheit mehr geben. Sie werden ein warmes, fast glühendes Gefühl in Ihrem Inneren verspüren; Sie werden mit sich im Frieden sein; und Sie werden überhaupt keine Zweifel mehr haben. Das ist überhaupt ein einfacher Test, um zu überprüfen, ob Sie »es« erreicht haben: Solange Sie zweifeln, haben Sie es noch nicht geschafft, sich bedingungslos zu mögen.

Sehen Sie sich im idealen Alter!

Der zweite Schritt bei dieser Spiegelbildtechnik ist die Anwendung der Vorstellungskraft oder Imagination, und er ist ebenso wichtig wie der erste. Er besteht darin, sich mit Hilfe der im Kapitel zehn beschriebenen Methode der fortschreitenden Entspannung oder *progressiven Relaxation* in einen geeigneten Zustand zu versetzen und sich dann Bilder aus der Zeit zu vergegenwärtigen, in der Sie so alt waren, wie Sie für den Rest Ihres Lebens sein möchten. Die Vorstellungen werden dann anfangen, Ihre Tendenz zum Altern umzukehren.

Sie müssen sich bei dieser Übung so viele Details wie möglich vergegenwärtigen: Die Jahreszeit, die Tageszeit und so weiter; *sehen* Sie mit größtmöglicher Genauigkeit, was Sie anhaben, ob und welche Menschen gerade bei Ihnen sind; ja *riechen* Sie, welche Düfte in der Luft liegen – wenn es Frühling ist, vielleicht von Jasmin oder Flieder. Was können Sie hören? Vogelgezwitscher? Das Summen und Zirpen der Insekten? Bestimmte Melodien?

Sehen Sie sich im idealen Alter! 133

Stellen Sie sich diese Szene so genau und detailgetreu wie nur irgend möglich vor. Je mehr Einzelheiten Sie sich vergegenwärtigen können, desto
schneller wird sich dieses Bild in Ihr Unterbewußtsein einprägen; und in dem Augenblick, in dem das
Bild Teil Ihres Unterbewußtseins geworden ist, beginnt der Geist, es in Ihre äußere Umgebung zu projizieren.

Sie können diesen Vorgang mit dem Bau eines
Hauses vergleichen: Zuerst hat der Architekt eine
ungefähre Vorstellung vom Gebäude, das er errich-
ten möchte; dann zeichnet er einen Plan mit sämtlichen Details; und schließlich legen die Handwerker
das nötige Material bereit, nehmen die Pläne und
beginnen, das Haus detailgetreu nachzubauen.

Diesen selben Prozeß macht Ihr Geist durch, um
Ihren Wunsch, Ihre Absicht in die äußere Wirklichkeit zu übertragen. Zuerst haben Sie die allgemeine
Vorstellung eines Zieles – sich jung zu denken und
jung zu sein; dann fangen Sie an, verschiedene
Techniken in Anwendung zu bringen, erst die Spiegeltechnik, dann die Phantasieübung, und tragen
dabei soviele Details wie möglich zusammen – ganz
wie der Architekt, wenn er den Bauplan zeichnet.
Schließlich nehmen Sie die »Baumaterialien« –
eine bestimmte Diät und körperliche Übungen –
und beginnen, sich selbst zu einer genauen Reproduktion des Jugendbildnisses umzubauen, das Sie
in Ihr Unterbewußtsein eingraviert haben.

Es ist dann nur eine Frage der Zeit, die von einer
Reihe verschiedener Faktoren abhängt – zum Beispiel wie fest Sie daran glauben oder wie oft Sie

Ihre Übungen durchführen – bis das Bild anfängt, sich in Ihrer äußeren Umgebung zu konkretisieren. Es kann dann durchaus sein, daß Ihre Freunde und Verwandten – noch ehe Sie selbst etwas gemerkt haben – eines Tages überrascht fragen: »Was hast du denn gemacht? Du siehst so gut aus!«

Das also ist der einfache Vorgang, mit dessen Hilfe Sie anfangen können, sich jung zu denken und jung zu bleiben. Es ist keine komplizierte Angelegenheit; sie ist sogar für viele Menschen *zu* einfach. Wenn es möglich wäre, die Sache schwieriger zu gestalten, würden sich viele garantiert sagen: »Ich werde mir die allergrößte Mühe geben und es schaffen – gleichgültig, wie schwer es ist!«

Wenn etwas so einfach ist, neigt man oft dazu, mißtrauisch zu werden und die Sache nicht ernst zu nehmen. Lassen Sie sich nur nicht zu einer solch irrationalen Haltung verführen! Tausende von Teilnehmern an unseren Seminaren haben schon die Wirksamkeit dieser Techniken unter Beweis gestellt – und zwar nicht nur im Rahmen unseres Kurses »Denken Sie sich jung – so bleiben Sie jung!«, sondern ebenso bei unseren Schlankheitskursen, den »Raucher-Workshops« und den »Angst-Workshops«. Wenn sie exakt ausgeführt werden, werden diese Techniken zum Sesam-öffne-dich für ein in jeder Hinsicht erfolgreiches Leben.

Lassen Sie es mich wiederholen: Bei diesen Techniken ist das einzige Geheimnis zum Erfolg: *Beharrlichkeit, Ausdauer, Durchhaltevermögen.*

10
Tiefenentspannung

In Ihrem Inneren ruht ein wahrhaft unvorstellbarer Schatz. Wenn Sie nur eine Ahnung von seinem Wert und seiner Macht hätten, würden Sie gern den Rest Ihres Lebens daran setzen, Mittel und Wege zu erlernen, ihn zu erlangen: den Mittelpunkt, die innere Tiefe Ihrer selbst. Dieser Schatz wird Ihnen im Augenblick Ihrer Geburt überreicht, doch können sie solange nichts damit anfangen, bis sie seiner gewahr werden und mit ihm umzugehen lernen. Wir alle haben ohne Ausnahme dieses Geschenk erhalten, und um es zu benutzen, müssen wir lediglich seiner gewahr werden. *Gewahrsein* ist der Schlüssel; und *Tiefenentspannung* ist der Weg zu dessen Handhabung.

Entdecken Sie die Gaben Ihres Inneren!

Die schlichte Größe dieser Gaben ist für den Durchschnittsmenschen ganz und gar unfaßbar. *Sie* müssen immerhin eine Ahnung davon haben, sonst würden Sie dieses Buch jetzt nicht lesen; diese bestimmte Ebene Ihres Bewußtseins hat Sie erweckt, und Sie sind inwendig dieses ureigensten Wesens gewahr geworden; oder zumindest haben Sie die *Hoffnung,* daß da etwas mehr in Ihnen stecken könnte, als es von außen den Anschein hat. Die bloße Tatsache, daß Sie dieses unbestimmte Gefühl oder den Wunsch verspüren, Ihr inneres Potential auszuloten und zu erforschen, beweist, daß Sie erwacht und nunmehr bereit sind, voranzuschreiten und Ihre innere Kreativität zu entdecken. Jetzt gibt es keinen Weg zurück: Sie werden all die großen und wundervollen Gaben ans Tageslicht fördern, die, auf Abruf bereit, in Ihrem Inneren nur darauf warten, daß Sie ihrer bewußt werden.

Eine dieser Gaben ist die Entdeckung, daß man gar nicht alt zu werden *braucht,* daß das nur eine der zahlreichen landläufigen falschen Meinungen ist. Wir wissen es ja schon: Es ist nicht wahr, weil es zu allen Zeiten Menschen gegeben hat, die uns bewiesen haben, daß Jahre und Zeit überhaupt keine Rolle spielen müssen. Auch Sie tragen die Gabe jugendlicher Reife in sich – das Vermögen, dem Vergehen der Zeit zuzuschauen, ohne selbst davon »abgenutzt« zu werden.

Als Gegenleistung für diese Erweckung haben Sie eine Verpflichtung: Wenn Sie den Punkt erreichen, an dem Sie sich Ihrer selbst und Ihres inneren Vermögens vollkommen bewußt sind und dieses Bewußtsein in alle Bereiche Ihres Lebens hineingetragen haben, müssen Sie auch imstande sein, das Wissen weiterzugeben – müssen Sie der Welt ein Vorbild werden. Das ist nämlich der einzige wahre Weg, Wissen weiterzugeben – ein Vorbild zu sein.

Wie schafft man es, dieses Bewußtsein in die All-

täglichkeiten des Lebens einzubringen? Wie werden
Sie es fertigbringen, diese Gabe aus Ihrem Inneren
in Ihren Beruf, Ihr Familienleben, in Ihre zwischen-
menschlichen Beziehungen zu übertragen? Denn
selbst die größten Ideen sind unnütz, wenn sie nicht
Tag für Tag und in allen Bereichen Ihres Lebens
wirken.

Um aus dieser unvorstellbaren Energiequelle in
Ihrem Inneren zu schöpfen, müssen Sie lernen, die
Technik der *Tiefenentspannung* anzuwenden. Sie
müssen lernen, sich in einem solchen Ausmaß zu
entspannen, daß Sie – selbst wenn die Welt um Sie
herum ein einziges Durcheinander ist – vollkommen ruhig und Ihrer selbst gewiß bleiben; Sie werden dann nur einen tiefen Frieden verspüren und
vollkommene Zufriedenheit.

Lernen Sie, sich zu entspannen!

Lassen Sie uns damit anfangen, die Kunst der Entspannung zu erlernen; denn das ist Entspannung
tatsächlich: eine Kunst, die ebenso geübt und erlernt sein will wie jede andere auch.

Wenn man nun damit beginnt, die Kunst der
Entspannung zu erlernen, ist es vordringlich, sich
der vielen angespannten Situationen des Tages bewußt zu werden – Situationen, die wir gewöhnlich
überhaupt nicht wahrnehmen, da Anspannung in
unserer Gesellschaft zum täglichen Brot gehört;
und diese alltägliche Anspannung ist es, die uns
daran hindert, die großen Möglichkeiten auszu-

schöpfen, die in unserem Wesen ruhen. Also müssen wir uns zuerst der Anspannung bewußt werden, ehe wir das Gefühl des Entspanntseins wirklich verspüren können.

Auch hier ist es dasselbe scheinbare Paradox, dem wir oft in so vielen anderen Bereichen begegnen: Um zu wissen, was Entspannung bedeutet, müssen wir erst die Anspannung erfahren! Andere Kulturen kennen dieses Problem nicht oder jedenfalls nicht in diesem Ausmaß. Nirgendwo ist der Mensch so stark dem Streß ausgesetzt wie in unserer Gesellschaft; und da es für die meisten von uns kaum möglich ist, in dieser Gesellschaft zu leben und zugleich dem Streß zu entgehen, bleibt uns eben nichts anderes übrig, als mit der Anspannung fertig zu werden – und zwar indem wir lernen, uns zu *ent*spannen.

Das ist Anspannung

Sie können selbst leicht ausprobieren, was Anspannung bedeutet: Strecken Sie beide Arme nach vorne aus und ballen Sie die Fäuste, so fest Sie können; das, was Sie in Ihren Muskeln bis hinauf in die Schulter spüren, ist Anspannung. Richten Sie jetzt Ihre Aufmerksamkeit auf Ihr Gesicht; beißen Sie die Zähne zusammen, verziehen Sie Ihre Augenbrauen und kneifen Sie die Augen zu, so fest Sie nur irgend können: *Das ist Anspannung!* Verkrampfen Sie Ihre Bauchmuskeln, soweit Sie können; spannen Sie Ihre Beinmuskulatur bis hinab zu den Zehen: *Das ist Anspannung!*

Fortschreitende Entspannung 139

Anspannung ist eine Verkrampfung der Muskeln, und Entspannung ist vollkommene Muskellockerung. Untersuchungen haben ergeben, daß Sie auch seelisch völlig entspannt bleiben – was immer um Sie herum geschehen mag –, wenn Sie Ihre Muskeln davon abhalten können, sich zu verkrampfen. Ihr Arbeitsplatz mag ein einziges Chaos sein, Ihr Zuhause das reinste Schlachtfeld: Solange Sie entspannt bleiben, wird nichts Sie in irgendeiner Weise behelligen können.

Ein Wort zur Warnung: Dieses Gefühl der Entspannung muß echt sein; es darf nicht, wie nur zu oft der Fall, vorgetäuscht sein. Viele Menschen sehen von außen ruhig aus, während es in ihrem Inneren brodelt, und die Strafe für eine solche Verstellung sind oft Magengeschwüre, Herzinfarkte oder wenigstens Probleme mit der Verdauung. Nein, es muß ein wirkliches, echtes Gefühl völliger innerer Entspannung sein, und das kann nicht vorgetäuscht werden. Es könnte Ihnen vielleicht gelingen, anderen Leuten etwas vorzumachen, aber Ihrem Körper auf keinen Fall, und früher oder später würden Sie für diese Verstellung durch die eine oder andere schwere Krankheit bezahlen müssen.

Fortschreitende Entspannung

Führen Sie wenigstens einmal, wenn möglich aber zweimal am Tag die folgende Übung zur fortschreitenden Entspannung *(progressiven Relaxation)* durch.

1. Setzen Sie sich auf einen Stuhl, legen Sie die Hände auf die Knie und schließen Sie die Augen. Konzentrieren Sie Ihre Aufmerksamkeit zuerst auf Ihre rechte Hand und erlauben Sie den Muskeln, sich zu entspannen. Achten Sie auf den Ausdruck *erlauben:* Sie sollen nicht versuchen, sich oder Ihre Hand zu zwingen zu erschlaffen – Sie müssen sich passiv entspannen. Passive Entspannung besteht darin, daß Sie die Muskeln sich entspannen *lassen.* Entspannen bedeutet: etwas aus einem Zustand der Anspannung entlassen, freilassen; in unserem Kontext bedeutet »entspannen«, die Energie, die durch unseren Körper fließt, freizulassen – dieselbe Energie nämlich, die jedesmal, wenn wir nervös oder aufgeregt sind, gegen uns arbeitet. Verfahren Sie genauso mit Ihrer linken Hand.

2. Nachdem sich Ihre Hände entspannt haben, richten Sie Ihre Aufmerksamkeit auf Ihre Arme; lassen Sie die Arme sich entspannen.

3. Wenden Sie Ihre Aufmerksamkeit auf den Scheitel, und lassen Sie sie dann abwärts wandern – über Nacken, Schultern, Rücken, Taille, Unterleibsmuskulatur, Oberschenkel, Unterschenkel, bis hin zu den Zehen. Lassen Sie jeden einzelnen Muskel, einen nach dem anderen, sich entspannen. Dann werden Sie sich des Gewichts Ihres Körpers bewußt, und Sie lassen diese träge Masse einfach in sich erschlaffen.

4. Indem Sie es zulassen, daß sich jeder Muskel einzeln entspannt, wird Ihnen gleichzeitig das Geheimnis offenbar, wie man die Außenwelt

aussperrt und sein inneres Selbst gewahrt – eine
für viele Menschen vollkommen neuartige Erfahrung. Diese Kreativität in Ihrem Innern ist
das unschätzbare Juwel, das wahre »Ich«, das
Zentrum des großen Potentials, der vielen Ta-
lente, die bis zu diesem Augenblick im Verborge-
nen geschlummert hatten.

Das ist Ihr wahres Selbst, das Selbst, mit dem Sie
geboren wurden, das Selbst, das keine Negativität,
keine Furcht vor Versagen, keine Ängste und Sorgen kennt; denn das Ich im Zentrum Ihres Wesens
ist zu jeder Zeit mit sich in vollommenem Frieden.

Neue Empfindungen

Wenn Sie diese Übung einige Male durchgeführt
haben, werden Sie zwei neue Empfindungen an sich
bemerken.

Einmal werden Sie das Gefühl haben, daß es
Ihnen nahezu unmöglich ist, sich zu bewegen. Der
bloße Gedanke daran, auch nur eine Hand zu heben, erscheint Ihnen dann wie Schwerstarbeit; das
beweist, daß die Anstrengung echt ist und Sie buchstäblich auf den Stuhl gefesselt hat.

Zweitens werden Sie spüren, wie eine herrliche
innere Wärme durch Ihren Körper fließt, eine Empfindung vollkommenen und totalen Friedens; das
wiederum beweist, daß Sie nunmehr völlig entspannt sind. Wenn Sie dieses Gefühl haben, lassen
Sie sich einige Minuten von ihm durchströmen, ehe
Sie wieder an Ihre alltäglichen Arbeiten gehen.

Sie werden feststellen, daß zehn Minuten solcher Entspannung Ihnen die Kraft schenken, anschließend doppelt, ja unter Umständen dreimal so viel zu leisten wie gewöhnlich; so machen sich die wenigen Minuten, die Sie in die Übung investieren müssen, ja wohl mehr als bezahlt.

Eine andere sehr einfache Methode, Ihren Körper sich entspannen zu lassen, ist, sich zu strecken. Tiere, und insbesondere Katzen, scheinen den angeborenen Instinkt zu besitzen, sich zu strecken und dadurch ihre Muskeln zu entspannen. Wenn Sie also spüren, daß allmählich die Anspannung in Ihnen anwächst, heben Sie die Arme über den Kopf und strecken Sie sich aus; stellen Sie sich auf die Zehenspitzen und dehnen Sie jeden einzelnen Muskel; dann lassen Sie alle Muskeln vollständig erschlaffen. Diese Übung macht Ihnen den Unterschied zwischen den zwei Empfindungen, der Anspannung und der Entspannung, richtig bewußt.

Wieder handelt es sich hierbei um so simple Techniken, daß Sie leicht der Versuchung erliegen könnten, sie als unbedeutend abzutun; lassen Sie sich nicht zu diesem Trugschluß verleiten!

Ich möchte Ihnen erzählen, was eine Studentin von mir erlebte. Sie hielt diese Übungen eigentlich für viel zu einfach, beschloß aber, sie trotzdem auszuführen, weil sie die Kursgebühr bezahlt hatte und nun so viel wie möglich aus der Sache herausholen wollte; so war sie denn auch nur ziemlich halbherzig bei der Sache.

Eines Tages aber erzählte sie von einer bemerkenswerten Erfahrung, die sie am Abend vorher gemacht hatte. Sie hatte sich einen Film mit ROBERT REDFORD angesehen; der Star verfolgte gerade auf einem Motorrad eine Herde Schafe. Plötzlich wurde ihr bewußt, daß sich ihre Muskeln mehr und mehr anspannten. Sie war sehr überrascht und versuchte nur, dieses Erlebnis bewußt zu erfahren; es war das erste Mal, daß sie merkte, wie sie beim Ansehen eines interessanten Filmes angespannt wurde. Von dem Augenblick an war sie dazu in der Lage, sich im selben Moment, in dem sie das leiseste Anzeichen von Anspannung in sich verspürte, sofort wieder zu entspannen.

Anspannung und Streß sind zwar Realitäten unseres Alltagslebens, ja in gewissem Maße des Lebens überhaupt, aber sie sind eben auch gefährliche »Altmacher«. Dermatologen haben festgestellt, daß dauernde Anspannung die Fettschichten unter der Gesichtshaut auszehrt, so daß Runzeln entstehen. Dr. THOMAS SZASZ und Dr. ALAN ROBERTSON von der *University of Chicago* kamen außerdem zu dem Ergebnis, daß häufige Anspannung der Muskeln von Kiefer und Kopfhaut zu Haarausfall führen kann, indem sie die Gefäße abschnürt, die die Kopfhaut mit Blut versorgen. Es sieht so aus, als ob Männer mit fortwährend strengem, angespanntem Gesichtsausdruck am ehesten zu vorzeitigem Haarausfall neigen würden.

Eine andere Übung

Eine andere Entspannungsübung besteht darin, ausgestreckt zu liegen, sich folgende Anweisungen vorlesen zu lassen und sie entsprechend auszuführen. Zuerst mit offenen Augen.

1. Spannen Sie Hände und Arme an... (Pause)... Jetzt lösen Sie die Spannung und versetzen diesen Bereich Ihres Körpers in einen Zustand tiefer Entspannung.
2. Ziehen Sie die Muskeln Ihrer Stirn und um Ihre Augen leicht zusammen... (Pause)... Jetzt lösen Sie alle Spannungen; lassen Sie allen Druck.
3. Jetzt spannen Sie die Kiefermuskeln und die Muskeln um den Mund leicht an... (Pause)... Jetzt lösen Sie alle Spannungen; lassen Sie allen Druck.
4. Spannen Sie Ihre Schulter- und Rückenmuskulatur leicht an... (Pause)... Jetzt lösen Sie alle Spannungen; versetzen Sie diese Bereiche Ihres Körpers in einen Zustand tiefer Entspannung.
5. Jetzt atmen Sie tief ein und spüren Sie, wie sich Ihr Brustkorb dabei entspannt.
6. Spannen Sie Ihre Magenmuskulatur leicht an... (Pause)... Entspannen Sie alle Organe, Drüsen, selbst die Zellen, und erlauben Sie ihnen, ganz normal zu funktionieren.
7. Jetzt entspannen Sie die gesamte Brust- und Magengegend innerlich... Entspannen Sie sich tief.

Eine andere Übung 145

8. Spannen Sie Hüften, Oberschenkel, Unterschenkel und Fußgelenke an ... (Pause) ... Jetzt entspannen Sie Hüften, Oberschenkel, Unterschenkel und Fußgelenke.
9. Spannen Sie Füße und Zehen an ... (Pause) ... Jetzt entspannen Sie Füße und Zehen.
10. Entspannen Sie nun den ganzen Körper vom Scheitel bis zur Sohle und den Zehen. Stellen Sie sich eine Woge der Entspannung vor, die wie eine Flutwelle über Sie hinwegspült, vom Scheitel bis über die Zehen.

Wiederholen Sie die gesamte Übung mit geschlossenen Augen.

Das waren also ein paar Techniken und Übungen, mit deren Hilfe Sie lernen können, sich zu entspannen.

Lassen Sie es mich noch einmal wiederholen: Entspannung ist der einzige Weg, der ins Unterbewußtsein führt; sie ist der einzige Weg, um mit diesem »inneren« Ich in Berührung zu kommen. Die Mühe, die es macht, die relativ einfache Kunst der Entspannung zu erlernen, zahlt sich mehr denn aus: Der Erfolg übersteigt fast Ihr Vorstellungsvermögen.

11
Größere Reichweite

Stellen Sie sich vor, Sie benötigen einen beliebigen Gegenstand, der sich auf einem Regal, einige Zentimeter außerhalb Ihrer Reichweite befindet. Was würden Sie dann tun? Sie würden sich vermutlich strecken und versuchen, den fraglichen Gegenstand zu erreichen; und wenn Sie ihn lediglich mit den Fingerspitzen berühren könnten, würden Sie wahrscheinlich hochspringen, in der Hoffnung, ihn so zu erlangen. Wenn es um physische Reichweite geht, verhalten wir uns immer mehr oder weniger in dieser Weise. Wie wäre es nun, wenn man dasselbe auch im geistigen Kontext versuchte – sich geistig so weit wie möglich zu strecken und gegebenenfalls sogar einige Zentimeter zu »springen«, um dadurch die Reichweite des Geistes zu vergrößern?

Es zahlt sich wirklich aus

Es zahlt sich wirklich aus, diese Anstrengung auf sich zu nehmen: Beispielsweise erkennen Sie dann, was für erstaunliche Kräfte, welch eine Kreativität, welche Möglichkeiten, die Sie überhaupt nicht in sich vermutet hätten, in Ihnen stecken. Die Erkenntnis, daß Sie eine große Gabe besitzen – die Gabe *jugendlicher Reife* –, ist der Schlüssel, der es Ihnen ermöglicht, Ihre Kreativität hervorströmen zu lassen und es somit dieser inneren jugendlichen Reife zu erlauben, nach außen hin sichtbar zu werden.

Ich könnte Ihnen Hunderte von Geschichten erzählen – Geschichten über die erstaunlichsten Dinge, die Studenten und Studentinnen von mir vollbrachten, sobald sie sich der unendlichen Möglichkeiten bewußt geworden waren, die in ihnen steckten; denn natürlich muß der Erkenntnis die Tat folgen!

Eine Kursteilnehmerin etwa hatte zwei Kinder und führte eine sehr unglückliche Ehe. Die Familie hatte sehr wenig Geld; außerdem war der Mann Alkoholiker – ein wunderbarer Mensch, wenn er nüchtern war, aber betrunken wirklich ein Tier. Ehefrau und Kinder standen Todesängste aus, wenn er wieder eine Saufphase durchmachte, und Sie können sich wohl vorstellen, wie es um das Selbstbewußtsein der armen Frau bestellt sein mußte, als sie mit unserem Kurs begann. Sie war erst zweiundvierzig, sah aber gut zwanzig Jahre älter aus.

Nachdem sie die beschriebenen Techniken eine Zeitlang angewandt und daraufhin mehr und mehr erkannt hatte, daß sie tief in ihrem Herzen eine unversiegbare Quelle der Kreativität besaß, ereigneten sich einige kleine Wunder in ihrem Leben. Eines Tages tauchte eine Idee aus den Tiefen ihres eigentlichen Wesens auf: »Wie wäre es, wenn wir die Sa-

Es zahlt sich wirklich aus   149

menkapseln, Zweige und Äste einsammelten, von denen es am Strand so viele gibt, mit Gold-, Silber- und Kupferfarbe bemalten? Man könnte daraus zum Beispiel Kerzenständer machen und an die Urlauber verkaufen. Und aus getrockneten Gräsern und Kräutern ließen sich Blumengestecke machen.«

Sie setzte diese Idee prompt in die Tat um, und da sie wirklich ein Gefühl für Formen und Farben hatte, wurden die Arbeiten ganz besonders hübsch. Sie ging mit einigen Mustern zur örtlichen Filiale einer größeren Ladenkette, und der Geschäftsführer war so davon begeistert, daß er gleich ein paar Dutzend Trockengestecke für jede Filiale in Auftrag gab. Auch die anderen kunsthandwerklichen Arrangements fanden bald reißenden Absatz an dem von Touristen besuchten Wohnsitz dieser Kursteilnehmerin.

Wie sich bald zeigte, war das eine sehr einträgliche Idee gewesen, da die Frau bei der Herstellung der Gestecke praktisch keine anderen Ausgaben hatte als für die Farben; beim Bemalen halfen ihr die Kinder, und gemeinsam lieferten sie die fertige Ware an die Geschäfte aus.

Der zunehmende Erfolg förderte ihren Einfallsreichtum und ihre Unternehmungslust beträchtlich. Zugleich schaffte sie es, den vorzeitigen Verfall ihres Körpers aufzuhalten, die Entwicklung umzukehren und zuletzt sogar um Jahre jünger auszusehen, als sie in Wirklichkeit war. Unglücklicherweise lebte ihr Ehemann nicht lange genug, um die positiven Ergebnisse ihres schöpferischen Denkens zu erfahren.

Wie schaffte es diese Frau, einen solchen Einfall aus den Tiefen ihres Wesens hervorzuholen? Welche Techniken wandte sie an, um den durch ihr unglückliches Leben geförderten Verfallsprozeß ihres Körpers erst aufzuhalten und dann sogar umzukehren?

Ihr erster Schritt war die Erkenntnis, daß sie weit mehr als nur ein Körper war und auch mehr als nur Körper und Geist. Sie erkannte, daß sie in ihrem Inneren eine ungeheure Kraft besaß, und daß sie nur zu lernen brauchte, mit ihr umzugehen. Mit Hilfe der Entspannungstechnik schaffte sie es dann, auf äußere Gegebenheiten nicht mehr negativ zu reagieren. Mit der Entdeckung und der richtigen Einschätzung ihres inneren Potentials und durch die Anwendung der Spiegeltechnik stieg auch ihr Selbstwertgefühl. Sie setzte sich Ziele, und – was das Wichtigste war – sie erweiterte ihren geistigen Wirkungskreis, indem sie sich die schöpferische Phantasie zunutze machte.

Tag für Tag stellte sie sich selbst als eine erfolgreiche Frau vor, gleichgültig, wie schlecht es ihr tatsächlich jeweils gerade ging. Sie setzte sich jeden Tag zur selben Zeit hin, entspannte sich völlig und malte sich dann Szenen und Situationen aus, in denen sie glücklich und erfolgreich war; sie stellte sich nicht nur vor, sie habe genug Geld, um die täglichen Bedürfnisse zu befriedigen, sondern sie führe überhaupt ein friedvolles, erfülltes Leben und sei voll jugendlicher Zuversicht. Mit anderen Worten: Sie schuf sich in ihrer Phantasie all das, was sie gerade nicht hatte oder war.

Sie tat dies mit der größten Regelmäßigkeit, mindestens einmal, oft sogar zwei- oder dreimal am Tag. Je trostloser und entmutigender ein Tag für sie war, desto häufiger zog sie sich tief in sich zurück; und dort, in den Tiefen ihrer selbst, veränderte sie die äußere Erscheinung, sowohl ihres Körpers als auch ihrer Lebensumstände, und gestaltete sie so um, wie sie es wollte.

Und dann folgte eins aufs andere: Zuerst kam ihr der Einfall, dekorative Objekte aus getrockneten Samenkapseln und Kräutern zu machen und sie an Geschäfte zu verkaufen. Das zusätzliche Einkommen erlaubte ihr, bessere und nahrhaftere Lebensmittel für sich und ihre Familie einzukaufen, was sich wiederum positiv auf ihren körperlichen und seelischen Zustand auswirkte. Die ganze Situation begann sich zu bessern, als sie das Bild, das sie von sich und ihren Kindern als Opfer ihres trunksüchtigen Ehemannes hatte, aus ihrem Bewußtsein strich und beglückende Phantasien eines idealen Lebens an dessen Stelle setzte. Anfangs war das für sie ein Mittel, um den quälenden äußeren Umständen zu entfliehen; aber kraft des schon beschriebenen Gesetzes, nach dem der Geist funktioniert, wurden die Wunschträume mit der Zeit zur äußeren Wirklichkeit.

Für andere können Sie keine Ziele setzen

Die Frau, von der ich gerade berichtet habe, war so klug, sich nur in bezug auf Dinge und Erlebnisse, die *sie* unmittelbar betrafen, Ziele zu setzen und ihre schöpferische Phantasie wirken zu lassen; sie malte sich aber nichts für ihren Mann aus. Das ist ein sehr wichtiger Grundsatz, der immer wieder im Rahmen unserer Kurse vermittelt wird, und auf dessen Einhaltung der größte Wert gelegt werden sollte: Es ist unmöglich, für andere Menschen Ziele zu setzen.

Jeder Mensch ist frei, und Sie können ihn nicht seiner Freiheit berauben, indem Sie für ihn entscheiden, welche Art von Leben die beste für ihn sei – und wäre es auch das beste und schönste Leben, das Sie sich vorstellen können. Wir *lernen* außerdem aus unseren Problemen und Schwierigkeiten, und wenn Sie für jemand anderen dessen Problem lösen, könnte es durchaus sein, daß Sie ihm dadurch gleichzeitig die Möglichkeit nehmen, etwas Lebenswichtiges zu lernen.

Ein Beispiel für eine solche falsch verstandene Hilfe war ein Mann, der mit einer Alkoholikerin verheiratet war. Er hatte sich ein paar Informationen über die Funktionsweise des Geistes angelesen, das heißt darüber, wie man sich Ziele setzt und sich die schöpferische Kraft der Phantasie zunutze macht. Aber bei solchen Dingen kann ein bißchen Wissen schlimmer sein als gar keines. Er setzte sich also hin und entwarf Ziele für seine Frau, ohne daß sie etwas davon wußte; und er malte sich Szenen aus, in denen sie immer nüchtern und seine ganze Familie glücklich und zufrieden war. Einige Wochen lang schien sich die Situation zu bessern, und seine Frau trank tatsächlich weniger. Aber dann

Für andere können Sie keine Ziele setzen

brach die Hölle los! Auf einmal trank die Frau
mehr als jemals zuvor und behandelte ihn und ihre
kleinen Kinder schier unmöglich. Bei dieser Lage
der Dinge kam er, verzweifelt und hoffnungslos, in
unseren Kurs.

Es war leicht, ihm klarzumachen, daß seine Frau
innerlich zerrissen war und unter dem krankhaften
Zwang stand, genau diese Art von Leben zu führen;
er hätte nichts daran ändern können. Er konnte
wohl sich selbst ändern, niemals aber einen anderen
Menschen – er konnte sich und seine Kinder aus
dieser Situation befreien, doch er konnte unmöglich
Ziele für seine Frau setzen und dann versuchen, sie
durch die Kraft *seines* Geistes Wirklichkeit werden
zu lassen. Als er es dennoch versucht hatte, war er
gegen die geistigen Barrieren seiner Frau gestoßen;
und bald darauf hatten sich bei ihr unbewußte
Selbstschutzmechanismen geregt und eine antagoni-
stische Haltung in ihrer Seele erzeugt. Weil sich das
alles auf einer unterbewußten Ebene abspielte,
konnte sie es selbst nicht begreifen, warum sie auf
einmal so aufsässig und aggressiv geworden war.

Der Mann hörte also sehr bald auf, Ziele für
seine Frau zu entwerfen, und konzentrierte sich nur
noch darauf, seine eigene innere Haltung durch die
richtige und positive Anwendung der Grundregeln
des Geistes zu ändern.

Diese Geschichte hatte schließlich doch ein
Happy-End. Nachdem sich der Mann geändert
hatte und nicht mehr so negativ wie früher auf das
Verhalten seiner Frau reagierte, gaben sich allmählich auch ihre Aggressionen; und eines schönen Ta-

ges verkündete sie, daß sie zu den *Anonymen Alko-
holikern* gehen wolle, um sich von ihrer Sucht zu
befreien. Die anderen Mitglieder dieser Organisation konnten ihr bei ihrem Vorhaben helfen, und
knapp zwei Jahre später waren sie, ihr Mann und
ihre Kinder wieder eine glückliche Familie.

Das Problem löste sich also nicht deswegen, weil
der Mann seine Frau verändert hätte, sondern weil
er sich selbst änderte; und die Veränderung, die bei
ihm stattgefunden hatte, erweckte in ihr den
Wunsch, ihre Lebenseinstellung zu ändern. *Ändern
Sie sich selbst, und Sie verändern Ihre Welt!*
Natürlich war eine der erfreulichsten Nebenwirkungen dieses Lernprozesses die Tatsache, daß sowohl der Mann als auch seine Frau in Aussehen
und Verhalten nun um Jahre verjüngt zu sein schienen.

Vergrößern Sie Ihre geistige Reichweite!

So können Sie also die Reichweite Ihres Geistes
vergrößern, indem Sie sich täglich die Art von Leben ausmalen, die Sie gern hätten:

Setzen Sie sich jeden Tag um dieselbe Zeit auf
Ihren Lieblingsstuhl, in dem Zimmer Ihrer Wohnung, in dem Sie sich am wohlsten fühlen. Richten
Sie es nach Möglichkeit so ein, daß Sie wenigstens
für die nächsten zehn bis fünfzehn Minuten keinerlei Störung zu befürchten haben. Hängen Sie den
Telefonhörer aus. Machen Sie es sich bequem; ziehen Sie die Schuhe aus, wenn sie zu eng sind, öff-

Vergrößern Sie Ihre geistige Reichweite! 155

nen Sie Ihren Gürtel, nehmen Sie Brille oder Ohrringe ab – kurz: Legen Sie alles ab, was Sie daran hindern könnte, sich entspannt und bequem zu fühlen. Setzen Sie sich so hin, daß Sie die Möglichkeit haben, bald jedes Bewußtsein von Ihrem Körper zu verlieren.

Setzen Sie Ihre Füße flach auf den Boden und legen Sie Ihre Hände entspannt auf den Schoß. Schließen Sie die Augen und fangen Sie an, sich bewußt zu entspannen. Beginnen Sie bei Ihrem Scheitel, und lassen Sie das Gefühl von Entspannung sich allmählich durch Ihren ganzen Körper ausbreiten. Anfangs werden Sie sich wahrscheinlich auf jede Muskelpartie einzeln konzentrieren und jede für sich entspannen lassen müssen (spannen Sie dazu jeden einzelnen Muskel an und lösen Sie dann die Spannung). Nach einiger Übung werden Sie merken, daß sich dieser Vorgang mehr und mehr automatisiert.

Atmen Sie jetzt dreimal tief ein; füllen Sie Ihre Lunge bis in die äußersten Spitzen. Nach dem vierten Mal atmen Sie sehr langsam wieder aus und sprechen Sie sich dabei mehrmals das Wort *entspannen* im Geiste vor. Wiederholen Sie das Ganze, um sich noch tiefer zu entspannen: Atmen Sie tief ein, lassen Sie die Luft langsam wieder heraus und denken Sie erneut das Wort *entspannen!*

Jetzt lassen Sie Ihre Aufmerksamkeit wieder durch den gesamten Körper wandern, entspannen Sie all Ihre Körperteile einzeln, und beginnen Sie dabei wieder mit der Kopfhaut. Dies wird die Entspannung bis in noch tiefere, noch weitere Bereiche

Ihres Geistes tragen: Indem Sie den Körper von oben nach unten entspannen, steigen Sie auch tiefer und tiefer in Ihren Geist hinab.

Atmen Sie jetzt wieder tief ein und denken Sie während des Ausatmens mehrmals das Wort *innen!* *Entspannen* und *innen* sind die Schlüsselbegriffe bei dieser Übung, und sie erfüllen eine ganz bestimmte Funktion. Durch ihre Bedeutung, die fest in unserem Unterbewußtsein eingebettet ist, veranlassen uns diese Worte zu einer fast automatischen Reaktion: Sprechen oder denken wir konzentriert das Wort *entspannen,* beginnen sich unsere Muskeln schon von selbst zu entspannen; *innen* gibt Ihrer Aufmerksamkeit schon automatisch eine bestimmte Ausrichtung und verhilft Ihnen zur Erkenntnis, daß sich die Übung in Ihrem Inneren abspielt und nicht »draußen«, in Ihrer Umgebung oder anderen Menschen. Nein, das hier ist absolut ein »Soloprojekt«! Kein Mensch auf der Welt ist dazu imstande, in Ihren Geist hineinzugreifen und die Platte mit dem Text »ich werde täglich älter und älter«, die ununterbrochen in Ihnen abläuft, abzustellen: *Das* müssen *Sie* schon *selbst* erledigen!

Wiederholen Sie nun im Geiste mehrmals die Worte *innen entspannen.* Schon nach einigen Tagen werden Sie feststellen, daß Sie bereits durch diesen Gedanken in einen Zustand tiefer innerer Entspannung versetzt werden.

Und jetzt mit Phantasie!

Es wird Ihnen leichter fallen, sich zu entspannen, wenn Sie an diesem Punkt anfangen, sich die schöpferische Vorstellungskraft zunutze zu machen. Stellen Sie sich drei Räder unterschiedlicher Größe vor: Das erste ist das größte, das zweite etwas kleiner, und das dritte ist das kleinste. Stellen Sie sich diese Räder zuerst in sehr schneller Bewegung vor. Während Sie sich dann allmählich vom Kopf abwärts und bis in die Zehenspitzen hinein entspannen, verlangsamt sich nach und nach die Umdrehungsgeschwindigkeit der drei Räder; und wenn sie zu völligem Stillstand gekommen sind, haben Sie einen Zustand sehr tiefer Entspannung erreicht. Jetzt können Sie sich Ihre Zielvorstellung ausmalen – jugendliche Reife.

Die ganze Übung sollte durch die Vorstellungskraft unterstützt werden: *Stellen* Sie sich also *vor,* daß Sie Ihre Kopfhaut entspannen, stellen Sie sich vor, daß Sie Stirn- und Gesichtsmuskulatur entspannen; lassen Sie es bewußt zu, daß diese Empfindung von Entspanntsein langsam abwärts fließt, durch Ihren ganzen Körper, bis in die Zehen hinab.

Jetzt stellen Sie sich vor, daß Sie Nacken und Schultern entspannen, Arme und Hände entspannen. Stellen Sie sich jetzt vor, wie diese Entspanntheit langsam abwärts strömt. Die drei Räder fangen jetzt auch an, sich langsamer zu drehen; langsamer; und immer langsamer.

Es ist übrigens ratsam, während der Entspannungsübung ein neutrales Wort (zum Beispiel *eins*) in Ihrem Geist zu wiederholen, weil dadurch störende Gedanken (»Habe ich auch den Herd ausgeschaltet?« – »Das Auto müßte jetzt wirklich bald in die Werkstatt!«) nicht so leicht eindringen können. Sie sollten zwar niemals versuchen, *überhaupt* Gedanken aus Ihrem Bewußtsein auszuschließen; aber Sie sollten entscheiden können, *welche* Gedanken hereingelassen werden. Sie sollten, mit anderen Worten, lernen, Ihren Geist zu zügeln; denn das ist einer der wichtigsten Aspekte bei dieser Entspannungsübung.

Jetzt stellen Sie sich vor, wie Sie Ihre Rückenmuskulatur entspannen, dann die Muskeln Ihrer Brust und Ihres Unterleibes; stellen Sie sich vor, wie diese Entspannung langsam abwärts strömt. Stellen Sie sich jetzt vor, wie Sie Ihre Hüften entspannen, die Oberschenkel, die Unterschenkel und Füße und zuletzt die Zehen. Es ist ein wohliges Gefühl, so tief entspannt zu sein. Sie befinden sich jetzt in einem tieferen, weiteren Bereich Ihres Unterbewußtseins. Die drei Räder drehen sich nur noch sehr, sehr langsam.

Um auf eine noch tiefere, noch ausgedehntere Bewußtseinsebene zu gelangen, stellen Sie sich jetzt die für Sie ideale Umgebung zum Entspannen vor – wo auch immer das sei. Vielleicht liegen Sie an einem schönen, sauberen weißen Strand, oder Sie sind oben in den Bergen, mitten unter hohen Nadelbäumen, oder bei einem stillen Fluß oder vielleicht auch nur bei sich zu Hause. Versetzen Sie sich an den Ort, an dem Sie sich am besten entspannen können.

Und jetzt mit Phantasie!

Bleiben Sie wenigstens drei oder vier Minuten dort, und lösen Sie sich dabei noch mehr, entspannen Sie sich noch weiter. Sie merken, daß die Räder vollkommen stillstehen, und daß Sie einen sehr, sehr tiefen und gelösten Bewußtseinszustand erreicht haben.

Jetzt, da Sie sich in diesem traumähnlichen Zustand befinden, stellen Sie sich Ihre Person in dem Alter vor, das Sie für den Rest Ihres Lebens beibehalten möchten. Erinnern Sie sich an eine Periode Ihres Lebens, in der Sie besonders glücklich und zufrieden waren; nehmen Sie selbst an dieser schönen Zeit noch alle Änderungen und Verbesserungen vor, die Sie nach Ihrer Vorstellung in einen absoluten Idealzustand verwandeln könnten. Malen Sie sich die Szene in allen Einzelheiten aus. *Sehen* Sie, wie Sie lachen und sprechen, spüren Sie das herrliche überschwengliche Gefühl, das allmählich in Ihnen aufwallt!

Sie erkennen jetzt, daß Sie, tief innen, tatsächlich die Fähigkeit besitzen, sich jung zu denken und jung zu *sein*. Und mehr noch: Sie erkennen, daß Sie imstande sind, Ihre körperliche Entwicklung in sehr kurzer Zeit buchstäblich umzukehren – Sie erkennen, was für ein herrliches, schier wundertätiges Instrument Ihre geistige Kraft ist.

Sie erkennen, daß es nichts gibt, was Sie nicht vollbringen könnten, wenn Sie sich nur an die Grundregeln halten, die Sie gelernt haben. Sie haben jetzt endlich dieses tiefste, innerste Zentrum Ihres Wesens erreicht, das von keiner äußeren Gegebenheit behelligt und verwirrt wird, und das nur auf dem Wege der Tiefenentspannung erreicht werden kann.

Sie bestimmen!

Das Glücksgefühl, das Sie erfüllt, überwältigt Sie beinahe, da Sie nun mit unumstößlicher Sicherheit wissen, daß Sie über Ihren Körper bestimmen. Sie wissen, daß Sie durch Ihren jetzt fügsamen Geist das jeweils Beste aus sich herausholen können: Energie, Vitalität und Überschwenglichkeit der Jugend – sowie Weisheit, Ruhe und Erfahrung der Reife. Sie können für den Rest Ihres Lebens *jugendlich reif* sein.

Dieses Gefühl der Freude und Vitalität wird Sie von nun an nie wieder verlassen; Sie werden dynamisch und lebendig sein. Das geistige Bild Ihres alternden Körpers verblaßt nun zusehends, während sich die Vorstellung Ihres jugendlichen Körpers immer deutlicher einprägt. Ihr gegenwärtiger physischer Leib paßt sich mehr und mehr der jugendlichen Form an, die Sie in Ihrem Unterbewußtsein bewahren: Sie bewegen sich jetzt, genau in diesem Augenblick, darauf zu – auf die konkrete Verwirklichung eines jugendlich reifen Körpers und Geistes. Von nun an werden Sie alles Erforderliche tun, um dieses Ziel so schnell wie möglich zu erreichen: Sie werden für bessere äußere Bedingungen sorgen, sich besser ernähren, ein bestimmtes Trainingsprogramm einhalten. Was immer geschehen muß, um Sie schneller an Ihr Ziel jugendlicher Reife zu brin-

Sie bestimmen! 161

gen, wird von nun an geschehen, und nichts wird
Sie daran hindern können.

Dieses Idealbild wird ständig in Ihrem Unterbewußtsein gegenwärtig sein, und es wird sich dort
wie eine magnetische Kraft, als eine vitale Energie
auswirken, die Sie anzieht und Sie förmlich zwingt,
alles Notwendige zu tun, bis Sie Ihr Ziel – *die jugendliche Reife* – auch wirklich erreicht haben.

Jetzt wenden Sie Ihre schöpferische Phantasie an,
und sehen Sie sich selbst, wie Sie alle notwendigen
Bedingungen erfüllen, um Ihr Ziel so schnell wie
möglich zu erreichen. Stellen Sie sich vor, wie Sie
körperliche Übungen ausführen und Spaß daran
haben. Stellen Sie sich vor, wie Sie gesunde und
nahrhafte Kost essen und noch zusätzlich Vitamin-
präparate einnehmen. Stellen Sie sich vor, wie Sie
all das tun, was Ihnen Freude macht, Tätigkeiten,
die Ihren Körper und Geist in Bewegung halten.

Sehen Sie sich selbst von Freunden und Angehö-
rigen umgeben, die Sie lieben. Sehen Sie sich aber
auch Situationen genießen, in denen Sie allein sind.
Sehen Sie sich selbst, wie Sie irgend etwas tun, um
anderen Menschen zu helfen – denn Sie brauchen
das Gefühl, gebraucht zu werden; und, vor allen
Dingen, spüren Sie dieses tiefe Gefühl von Zufriedenheit, dieses tiefe innere Gefühl von Erfüllung,
das der einzige wahrhafte Frieden ist.

Jetzt wiederholen Sie dreimal den Kernsatz: *Ich
mag mich bedingungslos!*

Strecken Sie die Arme langsam über den Kopf
aus, bewegen Sie Ihre Muskeln wieder, und Sie verlassen die Ebene des Unterbewußtseins.

Führen Sie diese Übung wenigstens einmal, wenn möglich zweimal am Tag aus. Bei jeder Wiederholung prägt diese geistige Übung ein gleichbleibendes Muster in Ihr Unterbewußtsein ein, das von Mal zu Mal deutlicher wird. Damit erzeugen Sie in Ihrem Geist die Matrize des Zieles *»jugendlicher Reife«,* und je häufiger Sie dies tun, desto eher werden Sie das Ziel erreichen.

Ihr Unterbewußtsein hat die Macht, alles, was Sie sich nur ausmalen können, in Ihrer äußeren Umgebung zu realisieren; und in demselben Augenblick, in dem es sich fest in Ihrem Unterbewußtsein etabliert hat, werden Sie Ihren größten Wunsch bereits erfüllt haben: jugendliche Reife.

Fangen Sie also jetzt, in diesem Augenblick, damit an, die Reichweite Ihres Geistes zu vergrößern, und denken Sie daran, daß jedesmal, wenn Sie die Übung durchführen, Ihr Geist wieder ein Stückchen weiter reicht, und Sie dann bald das wunderbare Ziel, »ewig« jung zu bleiben, erreicht haben werden!

12
Die Zeit arbeitet für Sie

Bis zu diesem Augenblick haben Sie vielleicht geglaubt, daß die Zeit Ihr Feind sei, der gegen Sie arbeitet; daß *sie* es sei, die Sie mit jedem Tag, jedem Monat, jedem Jahr älter und älter werden läßt. Ich hoffe allerdings, daß Sie mittlerweile angefangen haben zu erkennen, daß nur *Sie* und Sie allein die unumschränkte und absolute Macht über Ihren Geist und – durch dessen entsprechende Zügelung – auch über Ihren Körper haben. Mit jedem neuen Tag erlangen Sie mehr Wissen und Bewußtsein von sich selbst und befreien Ihre Kreativität mehr und mehr von anerzogenen falschen Vorstellungen: Insofern arbeitet die Zeit in Wirklichkeit *für* Sie; und diese täglichen Fortschritte wiederum schenken Ihnen innere Kraft, inneren Frieden und innere Zuversicht. Sie beginnen zu begreifen, daß tief in Ihnen schier endlose Möglichkeiten auf Sie warten; es wird Ihnen die beglückende Tatsache bewußt, daß Sie mit Hilfe der in diesem Buch beschriebenen einfachen Techniken und sonstigen Maßnahmen diese große innere Kraft in Ihre äußere Wirklichkeit einbringen können.

Geben Sie Ihr Bewußtsein weiter!

Es gibt allerdings eine Bedingung, die Sie erfüllen müssen, sobald Sie sich dieses neuentdeckte Bewußtsein zu eigen gemacht haben. Wohlgemerkt: Das bedeutet, daß es wirklich zu einem Teil Ihrer selbst geworden sein muß! Wenn das aber der Fall ist und die Lehre Ihnen buchstäblich in Fleisch und Blut übergegangen ist – dann geben Sie sie an andere Menschen weiter!

Was immer Sie in Ihrem Inneren entdecken, müssen Sie verschenken; anderenfalls werden Sie – so paradox es auch klingen mag – nicht imstande sein, diese neue Erkenntnis selbst zu behalten. Viele Lehrer haben immer wieder festgestellt, daß sie durch das Unterrichten – das Weitergeben der Erkenntnis – grundsätzlich selbst mehr lernen als ihre Schüler durch das Empfangen des Wissens. Es ist eine Eigenart des Wissens, daß es zu einem organischen Teil Ihrer selbst wird, wenn Sie es nach außen vermitteln.

Eines allerdings muß mit aller Deutlichkeit eingeschärft werden: Sie müssen *absolut* sicher sein, daß es sich bei Ihnen um eine wirkliche innere Erkenntnis handelt und um kein angelesenes Halbwissen. Sie dürfen nicht versuchen, durch Reden Jünger um sich zu scharen, sondern müssen durch Ihre ganze Person zeigen, woran Sie glauben – Sie müssen ein Vorbild sein. Das ist die einzig sichere Art, Wissen zu vermitteln. Wenn Sie die Absicht haben, anderen Menschen klarzumachen, daß sie sich jung denken und jung sein sollten, müssen Sie selbst ein wirkli-

Geben Sie Ihr Bewußtsein weiter! 165

ches Vorbild an Vitalität, Energie und Enthusiasmus verkörpern.

Die Zeit besitzt genau den Wert, den Sie ihr beimessen; und eben in diesem Sinne kann man sagen, daß sie für Sie arbeitet. Wenn Sie der Zeit einen positiven Stellenwert einräumen und sie dazu verwenden, Ihr inneres Potential vollständig zu erkennen und sich anzueignen, um bewußt zu erfahren, daß Sie selbst über Ihr Leben bestimmen – dann wird die Zeit auch tatsächlich für Sie arbeiten. Wenn Sie dagegen die Zeit damit vergeuden, darüber zu jammern, daß alles nicht so läuft, wie Sie es gerne hätten, und daß Sie von Tag zu Tag älter werden – dann arbeitet die Zeit gegen Sie. Machen Sie sich also klar, daß es einzig und allein Ihre Entscheidung ist: *Sie* entscheiden, ob die Zeit für oder gegen Sie arbeitet.

Dr. Keith E. Good ist ein eindrucksvolles Beispiel für diese Tatsache: Er hatte schon in seiner Jugend studiert und eine Reihe akademischer Grade erlangt, beschloß aber in seinen reiferen Jahren, wiederum die Universität zu besuchen, und machte mit zweiundsiebzig Jahren seinen ersten Abschluß in Psychologie. Das wäre schon für sich genommen ungewöhnlich genug, geradezu erstaunlich aber ist die Tatsache, daß er bei seinen Scheinen und Prüfungen die glatte Durchschnittsnote »Eins« erreichte. Jetzt plant er, an einer kalifornischen Universität noch den Magister im selben Fach zu erwerben; das Rentnerdasein gehört jedenfalls nicht zu seinen Ambitionen!

Dr. Good ist der lebende Beweis für die Richtigkeit der »ganzheitlichen« Lebensführung, die in den verschiedenen Kapiteln dieses Buches skizziert wurde. Er liest sehr viel und nimmt regelmäßig an wöchentlichen Turn- und Schwimmkursen für Senioren teil.

»Menschen meines Alters«, sagte Dr. Good, »die irgendeiner Beschäftigung nachgehen, behalten noch lange Zeit einen klaren Verstand; wer sich dagegen körperlich und geistig zur Ruhe setzt, wird sehr rasch hinfällig und verkalkt. Der Geist«, fügte er dann hinzu, »ist wie Zement: Wenn man ihn nicht in Bewegung hält, erstarrt er recht schnell.«

Dr. Good läßt also die Zeit für sich arbeiten, um all die Dinge zu tun und zu erreichen, die ihn interessieren, und mit denen er sich, neben seiner ärztlichen Tätigkeit, schon sein ganzes Leben lang beschäftigt hat.

Der quicklebendige einhundertachtjährige WILLIAM R. MC KIE hat auch noch einiges vor. Als ihn einmal ein Reporter fragte, was ihn jetzt noch am Leben halte, antwortete er: »Ich habe halt noch ziemlich viel zu angeln!«

Auch Herr McKie nutzt also seine Zeit, anstatt zuzulassen, daß sie gegen ihn arbeitet.

Sie brauchen ein Ziel!

Erziehen Sie sich dazu, die Zeit als eines Ihrer wertvollsten Güter zu betrachten; und damit Ihre Zeit auch einen praktischen Wert besitzt, müssen Sie sich Ziele setzen. Sie müssen noch etwas vor sich

Sie brauchen ein Ziel! 167

haben, so wie Dr. GOOD: Er hat zwar schon einen ersten Abschluß erreicht, doch begnügt er sich damit nicht, sondern strebt schon das nächste Ziel, den Magister, an, und ich bin vollkommen sicher: Wenn er diesen Grad erworben hat, wird immer noch ein weiteres Ziel auf ihn warten.

Das ist das Geheimnis: Sie müssen Ziele haben, etwas, an dessen Verwirklichung Sie arbeiten können. Der höchste Genuß liegt im Streben nach dem Erfolg; wenn Sie Ihr Ziel schließlich erreichen, verliert es beträchtlich an Bedeutung. Im Streben liegt die wahre Freude; in dem Augenblick, in dem sie ein Ziel erreicht haben, setzen Sie sich also schleunigst das nächste.

Im Rahmen seines Psychologiestudiums beschäftigte sich Dr. Good unter anderem mit der Rolle der alten Menschen in unterschiedlichen Kulturen; er machte in diesem Zusammenhang die interessante Feststellung, daß in den Vereinigten Staaten und bei manchen Eskimostämmen die Alten die vielleicht herzloseste Behandlung überhaupt erfahren. Bei letzteren sieht die »Altersversorgung« so aus, daß diejenigen Stammesmitglieder, die nicht imstande sind, ihren Anteil an Arbeit zu bewältigen, kurzerhand auf einer Eisscholle ausgesetzt werden. Oft findet sie dort ein Eisbär, und so werden gewissermaßen zwei Fliegen mit einer Klappe geschlagen: Der Bär kümmert sich um die Alten, und der Rest des Stammes kann den angelockten Bären erlegen und dadurch Fleisch für den Winter gewinnen. Dr. Good sieht deutliche Parallelen zwischen dieser Verfahrensweise und der (nicht nur) in den

USA üblichen Methode, alte Menschen in Heime abzuschieben; Altersheime, meint er, seien *unsere* Eisschollen.

Wenn wir nicht auch auf einer »Eisscholle« ausgesetzt werden wollen, müssen wir jetzt sofort unser Do-it-yourself-Projekt in Angriff nehmen, um unser weiteres Altwerden zu unterbinden. Und glauben Sie nicht, Sie seien noch zu jung, um sich Sorgen über das Alter zu machen! Selbst, wenn Sie erst Anfang zwanzig sind, sollten Sie jetzt sofort damit anfangen, Ihre Gedanken und Vorstellungen über das Alter von Grund auf zu ändern.

Ich kann Ihnen von einem ausgezeichneten Beispiel für die Kraft solchen Denkens berichten – einem Fall, der alle damaligen Kursteilnehmer sehr beeindruckte. Es ist von einer Studentin die Rede, einer schönen dunkelhaarigen Frau, die gerade vierundzwanzig Jahre jung war, als sie zu uns kam. Als ich den Studenten sagte, daß sie *jetzt* damit anfangen sollten, ihrem Denken über das Altern eine andere, diametral entgegengesetzte Richtung zu geben, nahm sie meine Aufforderung sehr ernst und befolgte sie wörtlich: Sie beschloß, ihr Alter auf vierundzwanzig »einzufrieren«. Sie hielt sich streng an alle im Rahmen des Kurses empfohlenen Übungen und Regeln, und jetzt, zwölf Jahre später, sieht sie immer noch aus wie vierundzwanzig. Sie ist alleinerziehende Mutter von drei Jungen im Alter zwischen zehn und sechzehn, und jeder, der sie sieht, kann es kaum fassen, daß sie in dem »zarten Alter« schon einen sechzehnjährigen Sohn haben soll!

In einem späteren Kurs gab es noch eine weitere Studentin, die die Sache äußerst ernst nahm; auch sie übte fleißig alles, was man ihr im Verlauf des Seminars beigebracht hatte. Als sie damals, vor zehn Jahren, anfing, war sie fünfunddreißig; jetzt wird sie von jedermann grundsätzlich auf Ende zwanzig geschätzt. Das sind zwei schöne Beispiele dafür, daß es nicht nur möglich ist, sich jung zu denken und jung zu *bleiben,* sondern daß man tatsächlich die Entwicklung umkehren kann.

Es ist keine Frage, daß ein jugendliches Aussehen etwas sehr Erfreuliches ist; viel wichtiger aber ist es, sich jung und energisch zu *fühlen* und ein Leben voller Enthusiasmus zu führen. Das zählt weit mehr als das Aussehen. Nicht jeder Kursteilnehmer schafft es, am Ende so jung auszusehen wie diese zwei Frauen; aber ausnahmslos alle gelangen zu einer wunderbaren, »jungen« Lebenseinstellung, die sie nach vorn blicken läßt, und nicht auf die Vergangenheit.

Klammern Sie sich nicht an die Vergangenheit!

Eines der ersten Dinge, die meine Kursteilnehmer lernen müssen, ist, die Vergangenheit vollkommen hinter sich zu lassen. Sicher kann man ab und zu auf sie zurückgreifen, als auf ein Reservoir von Erfahrungen, die man gemacht hat und aus denen man lernen kann; aber etwas anderes als »Lehrmaterial« darf sie nicht sein. Mit anderen Worten: Wir lernen zwar aus allen vergangenen Erfahrungen, lassen es aber niemals zu, daß die Vergangenheit die Gegenwart negiert. Gleichgültig also wie bedrückend, schmachvoll oder unerträglich die Vergangenheit für Sie gewesen sein mag – Sie müssen einfach begreifen, daß sie vorbei ist. Wer seiner Vergangenheit erlaubt, mehr für ihn zu sein als lediglich etwas, aus dem man lernen kann, ist ein Narr. Die Vergangenheit ist vorbei, sie ist tot; quälen Sie sich nicht mit Dingen ab, die in der Vergangenheit geschehen sind – lernen Sie daraus! Sie dürfen sich niemals und an was auch immer schuldig fühlen!

Diese zwei mustergültigen Studentinnen, von denen ich eben sprach, hatten beide ein sehr schwieriges Leben hinter sich. Die erste durchlebte eine sehr unerfreuliche Scheidung, schaffte es aber, ihre Söhne so aufzuziehen, daß sie sich schließlich zu vorbildlichen jungen Männern entwickelten. Auch die andere attraktive Frau lernte aus ihrer sogar ausgesprochen traurigen Vergangenheit. Gleichfalls geschieden, erlebte sie Zeiten größter Armut, in denen es oft nicht einmal genug zu essen gab, und war häufig auf die Wohlfahrt angewiesen, um ihre Kinder überhaupt durchbringen zu können. Doch sie nutzte die Gelegenheit, aus ihren Fehlern zu lernen: Sie entschloß sich, eine Berufsausbildung zu machen, wurde Krankenschwester und heiratete schließlich wieder. Jetzt hat sie einen wunderbaren Ehemann, und ihre Kinder sind gesund und emotional ausgeglichen.

Wie Sie also sehen können, haben die meisten meiner Studentinnen und Studenten durchaus kein

Klammern Sie sich nicht an die Vergangenheit! 171

einfaches Leben; im Gegensatz zum Durchschnittsmenschen aber sitzen sie nicht einfach herum und
vertrödeln ihre Zeit damit, sich selbst zu bemitleiden. Sie ergreifen die Initiative und lernen aus den
Erfahrungen der Vergangenheit, um sich eine positive Zukunft aufzubauen. Es gibt kaum eine Situation im Leben, die Sie nicht als Sprungbrett in eine
bessere, glücklichere Zukunft benutzen könnten!
Beginnen Sie einfach, die schrecklichen Probleme,
die Sie vielleicht gerade haben, als Stufen auf dem
Weg in eine wunderschöne Zukunft zu betrachten.

Das erste, was ich den Teilnehmern an meinen
Kursen sage, ist folgendes:

»Wenn Sie Probleme haben, schlimme Probleme,
die Sie schrecklich quälen, dann seien Sie froh darüber! Denn diese seelischen Qualen werden der Stachel in Ihrem Fleisch sein, der Sie dazu antreibt,
sich mehr zu bemühen als jeder andere Mensch. Sie
werden weit größeren Gewinn aus diesem Kurs ziehen, weil Sie mehr leiden als andere und sich deshalb mehr anstrengen werden, um Ihre Situation zu
ändern.

Die bemitleidenswertesten Menschen sind diejenigen, die in einem Meer von Selbstzufriedenheit
vor sich hintreiben. Solchen Leuten kann nie etwas
wirklich Schlimmes widerfahren, und so unternehmen sie auch nie die geringsten Anstrengungen, irgend etwas zu erreichen.

Ihre Probleme werden Ihnen dagegen eine strahlende Zukunft ermöglichen – wenn Sie sich nur bemühen, sie in einer positiven Weise zu lösen.«

Leben Sie in der Gegenwart!

Es gibt Achtzig- oder Siebzigjährige, ja sogar Sechzigjährige, die es zulassen, daß ihnen die Länge ihres bisherigen Lebens die Gegenwart vergällt, indem sie ständig darüber grübeln, wie viele Jahre schon verstrichen sind und wie wenige ihnen noch verbleiben. Solche Menschen hätten zumindest weit mehr *glücklichere* Jahre vor sich, wenn sie bewußt in der Gegenwart leben würden.

Das Jetzt ist die einzige Zeit, die es wirklich gibt, die einzige Zeitspanne, die Ihr Unterbewußtsein anerkennt. Das Unterbewußtsein sieht keine Vergangenheit, weil sie schon vorbei ist, und kennt keine Zukunft, weil sie noch nicht da ist; weder die eine noch die andere Zeit »gibt« es also in Wirklichkeit. Wenn Sie die negativen Erfahrungen der Vergangenheit beklagen und sich nach einer besseren und erfreulicheren Zukunft sehnen, hören Sie jetzt, in diesem Augenblick, damit auf! Lernen Sie, jeden einzelnen Tag, ja jede einzelne Stunde für sich zu erleben; hängen Sie sich nicht an die Vergangenheit, sehnen Sie sich nicht nach der Zukunft, sondern genießen Sie den heutigen Tag, diese Stunde, diesen jetzigen Augenblick!

Es gibt so viele schöne Dinge, über die man sich freuen kann: herrliche Sonnenaufgänge im Winter, wo die ersten Lichtstrahlen den Schnee mit zartem Rosa, Orange und Violett überhauchen; frische Vorfrühlingstage, an denen die Vögel ihre Lebensfreude hinaussingen; dann die herrlichen lauen Sommernächte, in denen Sie gleichsam durch ein

Leben Sie in der Gegenwart! 173

sanftes Luftmeer gleiten und sich eins mit der Natur
fühlen.

Lernen Sie, die Schönheiten, die Sie umgeben,
bewußt zu erleben. Erziehen Sie sich dazu, das Negative, das Häßliche, das Traurige, das Deprimie-
rende einfach nicht wahrzunehmen und statt dessen
die schönen und positiven Dinge des Lebens zu bemerken. Diese strenge geistige Übung ist absolut
notwendig, da wir alle dazu erzogen worden sind,
immer nur das Negative zu sehen; fangen Sie also
jetzt mit Ihrer Umerziehung an, und lernen Sie, von
nun an auf die Schönheiten des Lebens zu achten.

Verstehen Sie das jetzt bitte nicht so, als ob Sie
auf einmal doch keine Pläne für die Zukunft machen oder sich keine Ziele setzen dürften! Sie *sollen*
sich ja Ziele setzen; aber seien Sie dabei nicht so
stur oder unflexibel, die Möglichkeit einer Ände-
rung Ihrer Pläne vollkommen auszuschließen. Sie
können im Leben nur mit einem fest rechnen: mit
Veränderung, und das auch nicht zu knapp. Unsere
Welt ist in einem ständigen Wandel begriffen, und
so müssen wir eben lernen, die Unbeständigkeit
und den Wandel als die Norm zu akzeptieren:
Nichts hat Bestand auf dieser Welt.

Was uns direkt betrifft, ist also das Jetzt. Vom
Morgen brauchen wir nur soviel zu wissen, daß es
uns mit neuen Pflichten konfrontieren wird, mit denen wir uns *dann* auseinandersetzen werden; heute
brauchen wir uns um sie keine Sorgen zu machen.

Auf diese Weise können Sie die Zeit dazu bringen, für Sie zu arbeiten. Vergessen Sie das Gestern,
vergessen Sie alles Negative, das Sie erlebt haben,

und sogar alles Erfreuliche. Ich wiederhole: Das Gestern hat keinen anderen Wert, als daß Sie daraus etwas lernen können. Und »morgen« wird niemals dasein, weil es immer nur künftig ist. Setzen Sie sich deshalb positive Ziele für die Zukunft, aber streben Sie sie heute an, handeln Sie jetzt, genau in diesem Augenblick. Dann wird die Zeit auch für Sie arbeiten, anstatt, wie bisher, Sie zu bearbeiten!

13
Halten Sie Ihre Neugier wach!

Es gehört weit mehr dazu, sich jung zu denken und jung zu *sein* und zu *bleiben,* als körperliche Bewegung, eine bestimmte Diät und eine optimale Einstellung; denn, wie ein Arzt einmal sagte, »das alles sind mechanische Dinge; wo aber bleiben die Heilkräfte des Geistes?«

Was für erstaunliche Kräfte Ihr Geist besitzt, wird Ihnen im Rahmen des neuerdings entfachten Interesses für die Innenwelt mehr und mehr bewußt. Der Geist ist der Anfang; von ihm aus müssen Sie beginnen, sich jung zu denken und jung zu sein, denn Sie brauchen ihn allein schon dazu, um den bewußten Wunsch nach *jugendlicher Reife* zu verspüren, ohne den ja überhaupt nichts geschehen kann.

Gehen wir also von der Voraussetzung aus, daß Sie den starken Wunsch verspüren, den Rest Ihres Lebens in jugendlicher Reife zu verbringen. Sie haben bereits in den ersten Kapiteln dieses Buches von den verschiedenen Untersuchungen und Versuchen zahlreicher Gerontologen gelesen und erfahren, daß es keine spezifischen »Alterskrankheiten« gibt; folglich sterben die meisten Menschen nicht eigentlich an ihrem hohen Alter, sondern an verschiedenen anderen Krankheiten, die bei fortschreitendem Alter aufgrund falscher Ernährung, ungenügender körperlicher Betätigung, mangelnden Interesses am Leben oder aufgrund von Depressionen und Minderwertigkeitsgefühlen entstehen. Die vielleicht wichtigste Ursache dieser Krankheiten aber ist der Umstand, daß man auf fast gar nichts im Leben mehr neugierig ist.

Viele interessante Dinge

Es ist wichtig, die Neugier wachzuhalten und an vielen Aspekten des Lebens interessiert zu sein: Die Welt steckt nämlich voller interessanter Wissensgebiete!

Es gibt zum Beispiel die Beschäftigung mit der Vergangenheit, also die Geschichte oder speziell die Beschreibung verschiedener alter Kulturen, Ausgrabungen antiker Stätten; es gibt die Beschäftigung mit der Gegenwart, dem Tagesgeschehen, über das Sie sich durch Presse, Funk und Fernsehen informieren können; und es gibt auch Themen, die bereits in die Zukunft weisen – zum Beispiel Forschungsvorhaben, wie die Versuche, Computer zu konstruieren, die möglicherweise selbständig denken können, Raumfahrtprojekte zur Gewinnung von Bodenschätzen von anderen Planeten und vieles andere mehr. Es gibt unzählige Gebiete, in die Sie sich einarbeiten und vertiefen können, wenn Sie nur Ihre Neugier wachhalten.

Neugier ist laut Wörterbuch »das Beherrschtsein

Viele interessante Dinge 177

von dem Wunsch, etwas Bestimmtes zu erfahren«. Ein beherrschender, starker Wunsch zu wissen deutet auf Lebendigkeit, Offenheit, ja auf eine positive Anspannung des ganzen Körpers hin; wenn man sich jung denken und jung sein will, ist es deshalb von größter Wichtigkeit, daß man seine Neugier wachhält und sie auf schier alles richtet, was uns umgibt.

Gleichgültig, wie viele Jahre Sie schon auf dieser Welt sind – machen Sie jetzt den Anfang, entschließen Sie sich jetzt: Entscheiden Sie, auf was Sie künftig neugierig sein wollen! Es könnte sich durchaus um etwas handeln, das Sie schon immer irgendwie interessiert hat, ohne daß Sie bislang die Zeit gefunden hätten, sich näher damit zu befassen: Jetzt ist die Zeit gekommen – dies ist der richtige Augenblick zum Handeln!

Vielleicht haben Sie sich schon immer gefragt, wer Ihre Vorfahren waren; fangen Sie jetzt an, Erkundigungen einzuholen, Pfarrämter anzuschreiben und so weiter. Vielleicht wollten Sie schon lange etwas über das Leben der Insekten wissen, über Briefmarken oder darüber, wie eine bestimmte Sache hergestellt wird; es spielt nicht die geringste Rolle, wie klein oder unbedeutend Ihnen der jeweilige Gegenstand vorkommt: Wichtig ist nur, daß Sie sich dafür interessieren, daß Sie mehr darüber wissen möchten.

Wenn Sie Ihr Gebiet gefunden haben, fangen Sie damit an, Informationen darüber zu sammeln. Verlassen Sie die Oberfläche, gehen Sie in die Tiefe, versuchen Sie herauszufinden, wie die Sache funktioniert – was immer es auch sei. Den Anfang machen Sie am besten in der nächsten Stadtbücherei, wo man Ihnen leicht die geeignete Literatur empfehlen wird, und jedes Buch wird Sie dann auf weitere einschlägige Werke verweisen.

Sagen Sie nie, nie, nie – weder zu anderen Leuten noch erst recht zu sich selbst – »Ich bin zu alt dazu«! Selbst wenn Sie diese Worte nicht laut aussprechen, sondern nur denken, sind sie reines Gift. Mit diesen Worten besiegeln Sie Ihr Schicksal, unterschreiben Sie gleichsam Ihr eigenes Todesurteil, und niemand kann Ihnen dann mehr helfen – niemand, außer Ihnen. Wenn Sie schon früher etwas Ähnliches gesagt haben, widerrufen Sie jetzt, stellen Sie ausdrücklich vor sich und Ihrer Umgebung fest:

»Ich mag irrtümlich der Ansicht gewesen sein, ich sei zu alt; jetzt aber erkenne ich, daß ich mich in Wirklichkeit fortwährend »erneuere«, daß ich mich auf das Leben freue und ständig mehr davon erwarte. Ich interessiere mich für zahlreiche Dinge und unternehme einiges, um mehr darüber zu erfahren.«

Sagen Sie sich das jeden Morgen, direkt nach dem Aufwachen, und jeden Abend, bevor Sie einschlafen; und – Sie kennen das schon! – wenn Sie beginnen, diese Worte im Traum aufzusagen, wenn Sie bemerken, daß Sie sie die ganze Nacht über denken, dann haben Sie den Alterungsprozeß, den Sie unter anderem durch die negativen Worte »Ich bin zu alt dazu« in Gang gehalten hatten, tatsächlich umgekehrt.

Geistiges Jogging

Wenn Sie Ihr Älterwerden abstellen wollen, ist es genauso wichtig, Ihren Geist zu üben – also eine Art »geistiges Jogging« zu treiben – wie Ihren Körper zu trainieren; und Neugier ist der Auslöser, der diese geistige Tätigkeit in Gang setzt. Ihr Geist reagiert im Prinzip genau wie Ihr Körper: Wenn Sie einen bestimmten Muskel regelmäßig und mit Ausdauer beanspruchen, wird er immer stärker. Anfangs wird der noch schwache Muskel schnell ermüden, doch Beharrlichkeit zahlt sich aus, und bald wird dieser bestimmte Teil Ihres Körpers in Höchstform sein.

Ganz genauso verhält es sich mit dem Geist; wenn Sie ihn nicht trainieren, beginnt er sehr rasch, seine verschiedenen Fähigkeiten einzubüßen, verkümmert nach und nach und wird immer unbeweglicher. Deutliche Symptome eines nicht ausreichend beanspruchten Geistes sind vielfältige negative Empfindungen und Zustände, die Sie dann erleiden, wie Depressionen, Ängste, Sorgen, Selbstmitleid, Angst vor Einsamkeit und so weiter. All das sind Anzeichen dafür, daß Ihr Geist – trotz seiner unglaublichen Kräfte, seiner Kreativität, seines ungeheueren Potentials – in Untätigkeit erstarrt ist; denn Sie besitzen ja diese geistigen Fähigkeiten, doch wenn Sie nichts damit anfangen, reagiert Ihr Geist genau wie ein unbenutzter Muskel: Er verkümmert und nützt Ihnen dann überhaupt nichts mehr.

Hier folgen zehn Tips, die Ihnen helfen können, mit Ihrem »geistigen Jogging« zu beginnen.

1. Abonnieren Sie eine anspruchsvolle Tageszeitung und lesen Sie sie täglich nach Möglichkeit ganz; wenn Sie die Nachrichten im Radio oder im Fernsehen verfolgen, werden Sie oft abgelenkt – das Lesen zwingt Sie dagegen zur Konzentration.
2. Wenn Sie viel fernsehen, gehen Sie dazu über, statt dessen auch Bücher zu lesen. Fernsehen ist eine äußerst passive Beschäftigung, Bücher regen dagegen zum Denken an. Lesen Sie keinen Schund! Es gibt auch gute Literatur, die sehr unterhaltsam sein kann, und ansonsten können Sie auch Sachbücher über Themen lesen, die Sie interessieren.
3. Wenn Sie nicht auf das Fernsehen verzichten wollen, lassen Sie wenigstens die reinen Unterhaltungssendungen und die besonders stupiden Serien aus; schauen Sie sich statt dessen die Nachrichten an, Kultursendungen, Berichte – kurz, Sendungen, die Sie zu eigenen Gedanken anregen.
4. Stellen Sie fest, ob es in Ihrer Umgebung einen Kreis von Menschen gibt, die sich regelmäßig treffen, um über ein bestimmtes Thema zu diskutieren; wenn Sie nichts Passendes finden, gründen Sie selbst eine solche Gruppe: Sie finden immer ein paar Leute, die Lust haben, etwas Neues mit ihrem Leben anzufangen. Sie können beispielsweise über Fragen des Umweltschutzes oder kulturelle Themen diskutieren, oder Gesprächspartner suchen, die sich mit Ihren speziellen »neuen« Interessengebieten beschäftigen.

Geistiges Jogging 181

5. Leisten Sie eine beliebige freiwillige Arbeit oder ehrenamtliche Tätigkeit, die Sie mit anderen Leuten zusammenbringt; der Umgang mit Menschen regt die geistige Tätigkeit an.
6. Bilden Sie sich weiter! Volkshochschulen finden sich selbst in kleineren Ortschaften, und Sie können unter der Vielzahl der angebotenen Kurse bestimmt etwas finden, das Sie anspricht.
7. Legen Sie sich ein Hobby zu und versuchen Sie, sich soviel wie möglich zum Thema anzueignen. Wenn Sie beispielsweise gern im Garten arbeiten, informieren Sie sich über unterschiedliche Bodenarten und deren chemische Zusammensetzung, über nützliche und schädliche Insekten, spezielle Zuchtformen, biologische Anbaumethoden und so weiter. Es gehört eine Menge mehr zur Gärtnerei als einfach nur Körnchen in die Erde zu stecken; es gehört überhaupt zu allem eine Menge mehr, als es auf den ersten Blick den Anschein hat!
8. Besuchen Sie Museen und Kunstgalerien; schauen Sie sich nicht nur die Ausstellungsstücke im Vorbeigehen an, sondern lesen Sie auch die erklärenden Tafeln und was sonst an Informationsmaterial dort geboten wird. Machen Sie sich Notizen über das, was Sie sehen, und wenn Ihnen etwas besonders Interessantes auffällt, versuchen Sie anschließend, in der Stadtbücherei mehr darüber herauszufinden.
9. Anstatt mit Freunden zu telefonieren, schreiben Sie ihnen; Briefe schreiben ist eine Tätigkeit, die den Geist beansprucht, während telefoni-

sche Plaudereien oft nur eine reine Zeitvergeudung sind.

10. Versuchen Sie, Ihren Geist auch dann zu beschäftigen, wenn Sie alleine und zu keiner ernsthaften Tätigkeit aufgelegt sind: Legen Sie Patiencen, lösen Sie Kreuzworträtsel oder setzen Sie Puzzles zusammen.

Das alles sind Möglichkeiten, Ihren Geist zu üben und in Bewegung zu halten; greifen Sie auch nur einen dieser Vorschläge auf, werden Sie schon nach kurzer Zeit feststellen, daß Ihr Denken positiver wird, und Sie allmählich beginnen, sich »lebendiger« zu fühlen.

Ich wiederhole: Sämtliche diesbezügliche Forschungsergebnisse der letzten Jahre deuten auf die Tatsache hin, daß sowohl unser Körper als auch unser Geist eigentlich dafür gebaut wären, bedeutend länger zu halten, als es tatsächlich der Fall ist. Wir altern, weil wir nicht so handeln, wie wir für unser Wohlergehen eigentlich sollten, und weil wir *glauben,* daß wir alt werden, während wir in Wirklichkeit nur unseren Körper oder Geist mißbrauchen – beziehungsweise überhaupt nicht gebrauchen.

Schluß mit dem alten Trott!

Was Sie aber am meisten daran hindert, vital und energisch zu werden, ist die Trägheit. Machen Sie augenblicklich Schluß mit Ihrem eingefahrenen Trott; tun Sie etwas, das völlig aus Ihrer gewohnten

Routine fällt! Wenn Sie normalerweise eher zu den Langschläfern gehören, stehen Sie doch einmal in aller Hergottsfrühe auf und erleben Sie den Sonnenaufgang, hören Sie die ersten Vögel singen, spüren Sie die kühle Morgenbrise auf Ihrer Haut und lassen Sie die Stille auf sich wirken. Es herrscht ein fast mystischer Frieden um diese Tageszeit, eine Stille, wie Sie sie niemals sonst erleben.

Sind Sie dagegen ein Frühaufsteher, schlafen Sie zur Abwechslung einmal bis um zehn, damit Sie auch wissen, wie das ist. Probieren Sie es einfach aus; vielleicht gefällt es Ihnen!

Wenn Sie normalerweise immer allein sind, gehen Sie einmal unter Leute, und wenn auch nur in einem Kaufhaus oder Supermarkt. Sind Sie dagegen ständig mit Menschen zusammen, nehmen Sie sich zur Abwechslung etwas Zeit zum Alleinsein. Sind Sie noch nie im Theater oder Konzert gewesen, dann gehen Sie doch einfach hin und schauen oder hören Sie sich die Sache an; und wenn Sie ein Liebhaber klassischer Musik sind, versuchen Sie es einmal mit einem Rockkonzert und erleben Sie die für Sie wahrscheinlich völlig ungewohnte, durchaus interessante Atmosphäre.

Helfen Sie jemandem!

Am wichtigsten aber ist es, daß Sie beginnen, Ihrer Seele Nahrung zu geben – daß Sie sich eine Beschäftigung suchen, die Sie wirklich tief befriedigt. Eine solche Art von Befriedigung bereitet uns gewöhnlich der Dienst am Menschen – eine wie auch immer beschaffene und noch so geringfügige Hilfeleistung für jemanden, der in Not ist und Unterstützung braucht. Dieses seelische Bedürfnis können Sie am besten dadurch befriedigen, daß Sie sich an eine der zahlreichen karitativen Organisationen wenden, die ja immer auf der Suche nach freiwilligen Helfern sind.

Eine Organisation, deren Zielsetzung mich persönlich besonders anspricht, setzt sich aus älteren Menschen zusammen, die als »Ersatzgroßeltern« für Kinder berufstätiger Eltern fungieren. Entweder gehen die Ersatzgroßeltern in die betreffende Wohnung, um dazusein, wenn die Kinder nach der Schule heimkommen, oder aber die Kinder kommen zu ihnen nach Hause und bleiben dort, bis ihre Eltern Feierabend haben. Manche Ersatzomas bakken Plätzchen für die Kinder oder halten andere kleine Überraschungen für sie bereit, lesen ihnen Märchen vor und spielen mit ihnen. Die Großväter helfen beispielsweise, wenn es darum geht, einen Fahrradreifen zu flicken oder sonst eine »Männerarbeit« zu erledigen.

Ich finde diese Einrichtung deswegen besonders schön, weil sie das natürliche Bedürfnis älterer Menschen, gebraucht zu werden, befriedigt und zugleich die Kinder glücklich macht; denn es gibt keine größere Einsamkeit als die eines kleinen Kindes, das nach der Schule in eine leere Wohnung »heim«-kommt. So ist also beiden gedient – den Kindern und den »Großeltern«.

Eine der Voraussetzungen, um das Altwerden abzustellen, ist, gebraucht zu werden – Sie müssen einen Sinn im Leben haben! Vergessen Sie nicht: Sie sind ein ganzheitlicher Mensch, und die notwendigen Bedingungen für langanhaltende Jugend müssen auf allen Ebenen Ihres Lebens erfüllt werden.

Ein Prinzip beherrscht das Universum – Aktivität und Veränderung. Sie können nicht versuchen sich rauszuhalten und nichts tun, Sie müssen sich regen und verändern. Wenn Sie nicht vorwärtsgehen, fallen Sie zurück – Stillstand ist gleichbedeutend mit Rückschritt. Doch alles ist immer irgendwie in Bewegung: Wenn Sie Ihr Leben nicht selbst aktiv in die Hand nehmen, bewegen Sie sich trotzdem – bloß vermutlich nicht in die Richtung, in die Sie eigentlich möchten!

Lassen Sie also *jetzt,* genau in diesem Augenblick, das Gesetz *»sich jung denken und jung sein«* durch eine beliebige Aktivität, eine beliebige Bewegung in Kraft treten; es spielt überhaupt keine Rolle, ob Sie sich körperlich betätigen oder geistig üben. Der Sinn ist nur, daß Sie etwas tun, das völlig und diametral von Ihrer üblichen Routine abweicht, und sich dadurch aus Ihrer Trägheit aufraffen.

Und das Allerwichtigste ist, es *jetzt* zu tun: Verschieben Sie es nicht auf morgen, denn es gibt kein Morgen – es gibt nur das *Jetzt!*

14
Es liegt ganz in Ihrer Hand

Sie haben es mittlerweile selbst gemerkt: Sich jung
denken, jung sein und bleiben kann man nur selbst.
Niemand kann Ihre fixe Idee »Ich werde alt, ich
werde alt« abstellen! Das müssen Sie schon selbst
tun; doch wie Sie nach all diesen Erklärungen und
Beispielen wohl eingesehen haben werden, ist es
eine überraschend einfache Angelegenheit. Sie
brauchen nichts anderes zu tun, als die Kräfte zu
aktivieren, die seit Ihrer Geburt in Ihnen verborgen
liegen – dort, wo Ihr Schöpfer sie niedergelegt hat.

Es ist eine Tatsache, an der man kaum rütteln
kann, daß der Mensch mit besonderen schöpferischen Kräften begabt ist, über die nur er selbst bestimmen kann. Der Schlüssel dazu ist Erkenntnis
und Bewußtsein – das Bewußtsein, daß Sie die
Macht, das Potential und die Kreativität besitzen,
die Sie für diese Aufgabe brauchen. Tausende von
Teilnehmern an unseren Kursen haben immer und
immer wieder bewiesen, daß es *funktioniert!*

Ihr Alter ist nur eine Zahl

Einen wichtigen Gedanken sollten Sie sich unbedingt merken: Ihr Alter ist nur eine Zahl; und *die* hat nicht das geringste damit zu tun, wie jung Sie sind. Zahlen haben keine Bedeutung; was zählt, ist, wie Sie sich fühlen und was Sie tun. Das zeigt nämlich an, wie jung Sie sind.

Die Zeit an sich hat nicht die Macht, uns altern zu lassen: Der *Glaube* an die Auswirkungen der Zeit läßt uns alt werden, und dieser Glaube ist das erste Glied unserer Kette, das wir zerbrechen müssen. Um das zu schaffen, ist ein wirklich ernster und entschlossener Kraftaufwand vonnöten.

Im Laufe unseres ganzen bisherigen Lebens haben wir schon eine Menge Dinge verlernen müssen, um uns weiterentwickeln und dazulernen zu können. So erlernt zum Beispiel ein Baby zuerst das Krabbeln, muß es aber dann gleichsam wieder »verlernen«, um laufen lernen zu können. Da es sich dabei um einen natürlichen Prozeß handelt, braucht das Kleinkind sich *darum* nicht extra zu bemühen; jetzt aber müssen wir einen Glauben »verlernen«, mit dem wir als Kinder konditioniert wurden. Bis zu einem bestimmten Alter war dieser Glaube gut und nützlich, da er uns dabei half, zu wachsen und erwachsen zu werden. Es kommt aber der Tag, an dem er keine gute Richtschnur mehr ist und, genau wie das Krabbeln, vergessen und durch etwas Besseres ersetzt werden muß.

Wir müssen jetzt den schädlichen Glauben, daß die Zeit die Ursache des Altwerdens sei, löschen und unseren Geist neu programmieren. Die Zeit ist etwas unendlich Wertvolles, das es uns ermöglicht, unser Leben zu organisieren; aber geht die Kontrolle, die die Zeit mit unserem stillschweigenden Einverständnis auf unser Leben ausübt, nicht beträchtlich zu weit? Dürfen wir ihr wirklich gestatten, in dem Ausmaße wie bisher über unsere Lebensdauer zu bestimmen? Bloß, weil die Erde in annähernd dreihundertfünfundsechzig Tagen die Sonne einmal umkreist, sollen wir glauben, wir seien ein Jahr *älter* geworden? Und sollen wir – nur weil wir sechzig oder siebzig dieser Rundreisen mitgemacht haben – damit rechnen, jetzt sterben zu müssen? Was ist besser: Zu sagen, daß wir ein Jahr älter geworden sind, oder – daß wir einen weiteren schönen Rundflug um die Sonne erlebt haben?

Unsere typische gefühlsmäßige Reaktion auf das, was wir »Zeit« nennen, wird uns vom Augenblick unserer Geburt an eintrainiert. Gefühle können zum Guten und zum Schlechten wirken, also üben die Gefühle, mit denen wir es gelernt haben, auf die vergehende Zeit zu reagieren, einen bestimmten Einfluß auf unser Leben aus: Vom Geist her wirkt sich die jeweilige bestimmte Empfindung sehr stark auf unseren Körper aus.

Wie fühlen Sie sich, wenn Sie sich alt fühlen?

Probieren wir doch einmal, ob wir uns die Wahrheit dieser Aussage durch eigene Erfahrung klarmachen können. Sitzen Sie einige Sekunden lang mit geschlossenen Augen ruhig da. Lassen Sie sich nicht von irgendwelchen Geräuschen ablenken. Jetzt versetzen Sie sich mit Hilfe Ihrer schöpferischen Phantasie in die gefühlsmäßige Einstellung zum Altsein, die man Ihnen eintrainiert hat.

Konzentrieren Sie sich zuerst auf Ihr augenblickliches Alter. Aktivieren Sie jetzt Ihre Phantasie und stellen Sie sich vor, wie Sie vor zehn oder zwanzig Jahren waren. Rufen Sie sich eine bestimmte Situation ins Gedächtnis und erinnern Sie sich dabei an möglichst viele Einzelheiten: die Jahreszeit, womit Sie gerade beschäftigt waren, was Sie anhatten, wer außer Ihnen noch da war und so weiter. Achten Sie auf das Gefühl, die Empfindung, die in Ihnen emporsteigt, sobald Sie an sich als einen um zehn oder zwanzig Jahre jüngeren Menschen denken: Fühlen Sie sich nicht kräftiger, energischer, verspüren Sie nicht so etwas wie ein Glücksgefühl?

Jetzt stellen Sie sich vor, Sie seien zehn oder zwanzig Jahre älter: Verlieren Sie da nicht plötzlich den Mut, reagieren Sie nicht mit negativen, deprimierenden Gefühlen? Ich glaube, ich kann mit Recht behaupten, daß fast jeder von uns dazu erzogen wurde, vom Altwerden als von etwas Schrecklichem zu denken.

Diese Empfindungen, die Sie jetzt gespürt haben, waren angelernte Reaktionen und brauchen nicht unbedingt der Wirklichkeit zu entsprechen: Wer weiß, vielleicht werden Sie in zehn Jahren viel glücklicher sein, als Sie es gegenwärtig sind!

Jetzt denken Sie sich wieder zehn Jahre voraus; stellen Sie sich denselben Sachverhalt aber diesmal so vor, daß Sie, freudig, energisch, sehr vital und glücklich, lediglich zehn weitere Runden um die Sonne erlebt haben. Merken Sie nicht einen deutlichen Unterschied zwischen Ihren jeweiligen gefühlsmäßigen Reaktionen auf ein und denselben Tatbestand? Die letztere Vorstellung ist die positive Art, sich das Vergehen der Zeit zu denken – einfach als schöne Reisen um die Sonne. Sehen Sie also ein, daß das Altern in Ihrem Geist den Anfang nimmt?

Vorsicht! Nicht einschalten!

Untersuchungen zufolge scheinen Thalamus, Hypothalamus und Hypophyse die »Alterungskontrollzentren« im Gehirn zu sein. Wenn Sie glauben, daß Sie ab einem bestimmten Zeitpunkt anfangen werden zu altern, oder wenn Sie Ihr Interesse am Leben verlieren, geraten verschiedene Hormone, die für die chemische Reizübermittlung im Gehirn zuständig sind, aus dem Gleichgewicht und lösen so vermutlich die körperlichen Verfallserscheinungen aus, die man gewöhnlich mit dem Alter assoziiert.

Im selben Augenblick, in dem Sie sich also dem Glauben an das Altwerden ergeben, schalten Sie den Mechanismus in dem bestimmten Zentrum Ihres Gehirns ein, das Ihren hormonell bedingten Verfallsprozeß in Gang setzt. Es liegt demnach zu einem hohen Grade in Ihrer Macht, diesen körperlichen Prozeß zuzulassen oder aber ihn anzuhalten und umzukehren.

Wie können Sie nicht nur Ihr gegenwärtiges Alter

»einfrieren«, sondern den Prozeß sogar noch umkehren? Der Gerontologe Dr. HANS KUGLER, Autor
des Buches *Slowing Down the Ageing Process* (»Wie
verlangsamt man den Alterungsprozeß«), bestätigt
die Forschungsergebnisse von Dr. BENJAMIN
S. FRANK und von verschiedenen Wissenschaftlern
an der *Duke University;* sie alle sind sich darüber
einig, daß man in der Hinsicht recht viel machen
kann. Das Wichtigste überhaupt ist, die richtige, positive Einstellung zum Altern zu finden; die nächsten unerläßlichen Bedingungen, um sich jung zu
denken und jung zu sein, sind körperliche Betätigung und eine gesunde Ernährung; und schließlich
brauchen Sie positive Ziele im Leben, Sie müssen
auf das Leben neugierig sein und Freude daran haben. Machen Sie sich immer wieder bewußt, daß
Sie zu einem ganz bestimmten Zweck auf der Welt
sind – daß Sie etwas zu vollbringen haben. Finden
Sie heraus, *was* es ist.

Fangen Sie Ihre Suche nach diesem Ihrem »Sinn
des Lebens« so an, daß Sie zuerst herausfinden, was
Sie mehr als alles andere interessiert. Stellen Sie
fest, was es ist, gleichgültig wie klein oder unbedeutend es Ihnen vorkommen mag – denn selbst aus
dem Kleinsten kann etwas Großes erwachsen.
Wenn Sie nach ehrlicher Selbstprüfung feststellen,
daß Sie überhaupt nichts interessiert, müssen Sie
sich eben dazu aufraffen, ein früheres Interesse wieder aufleben zu lassen: Denn ganz ohne Interessen
zu sein bedeutet, daß Sie dem Kontrollzentrum in
Ihrem Gehirn die Erlaubnis gegeben haben, Ihre
Körperfunktionen nach und nach abzustellen.

Vorsicht! Nicht einschalten! 193

Aber keine Angst: Sie können das fast augenblicklich wieder rückgängig machen, wenn Sie beginnen, an irgend etwas Anteil zu nehmen. Es kann ein Pflänzchen sein, dem Sie beim Wachsen und Gedeihen »unter die Arme greifen«, Vögel, denen Sie mit Futter und Wasser über einen kalten Winter helfen – *was* es ist, spielt keine Rolle: Wichtig ist nur, *daß* Sie sich damit beschäftigen.

Ein über siebzigjähriger Kursteilnehmer entdeckte sein ehemaliges Interesse für sein Haus wieder. Früher hatte er viel daran gearbeitet, kleinere Reparaturen erledigt und es tadellos in Schuß gehalten; dann hatte er eines Tages dem geistigen Kontrollzentrum erlaubt, den Alterungsprozeß in Gang zu setzen, und überhaupt jegliches Interesse verloren. Im Verlaufe unseres Seminars erkannte er aber, daß er selbst implizit seine Einwilligung zu diesem geistigen und körperlichen Verfall gegeben hatte, und nahm daraufhin die früheren Tätigkeiten im und am Haus bewußt wieder auf. Er begann sich für die Möglichkeit zu interessieren, eine sonnenbetriebene Warmwasseranlage zu installieren: Er suchte in Bibliotheken nach einschlägiger Literatur, besuchte Einführungskurse über Solartechnik und befragte zahlreiche Experten auf diesem Gebiet. Er brauchte über ein Jahr, um die Solaranlage einzurichten, aber in dieser Periode gelang es ihm gleichzeitig, sein Alter um zehn Jahre zurückzudrehen. Indem er sein Interesse für das Haus wiederbelebte und dadurch den Grundstein zu seiner »geistigen Verjüngung« legte, verschaffte er sich zugleich – durch die tatsächliche Ausführung der Pläne – auch körperliche Bewegung.

Er nahm auch die ernährungsspezifische Seite der Verjüngungskur ernst und begann, gesündere und bessere Speisen zu essen. Das Wichtigste überhaupt war jedoch seine Einsicht, daß einzig und allein er die Macht besaß, den Alterungsmechanismus seines Geistes abzustellen, und – daß er es auch tat! Er wurde mit der Zeit ein solcher Experte auf dem Gebiet der Solartechik, daß er jetzt als Berater tätig ist und umweltbewußten Menschen, die ihr Haus entsprechend ausrüsten möchten, bei der Planung und Verwirklichung des Projektes beisteht: eine zweite Karriere im sogenannten Alter von dreiundachtzig Jahren!

Ein in den Vereinigten Staaten sehr bekanntes Beispiel für diese Möglichkeit, im Rentenalter etwas völlig Neues anzufangen und damit sehr erfolgreich zu werden, ist Colonel SANDERS. Als Colonel Sanders pensioniert wurde und erstmals Rente bezog, schwor er sich, nicht für den Rest seines Lebens mit dem wenigen Geld auszukommen. Er erkannte, daß er zu etwas Größerem berufen war, und machte sich an dessen Verwirklichung: Ein Rezept für gebackenes Hühnchen hört sich ja nicht gerade wie der Grundstein zum Welterfolg an – und doch wurde es, wie wir wissen, genau das: ein Welterfolg!

Also verachten Sie Ihr Interessengebiet nicht, nur weil es Ihnen vielleicht unbedeutend vorkommt! Doch dürfen Sie nie vergessen: Sie und nur Sie können den Entschluß fassen und geloben, daß Ihr »Lebensabend« zu einer schönen, interessanten und fruchttragenden Zeit werden wird!

15
Geistiger Widerstand

Wenn Sie Ihr Programm, sich jung zu denken und jung zu sein, in Angriff nehmen, wird etwas Merkwürdiges geschehen – etwas, auf das Sie gefaßt sein müssen, weil Sie andernfalls daran scheitern werden, noch ehe Sie überhaupt richtig angefangen haben. Ich spreche vom Widerstand Ihres Geistes.

Sie müssen damit rechnen, daß sich Ihr Geist anfangs jeder Bemühung, den gefaßten Plan in die Tat umzusetzen, widersetzen wird. Aller möglicher »Unrat« wird wahrscheinlich aus dem Unterbewußtsein auftauchen und im Denken bewußt werden – so zum Beispiel Einfälle wie: »Ich bin doch viel zu alt, um jetzt noch mit einem solchen Unternehmen anzufangen!« – »Es ist doch völlig lächerlich, sich auch nur vorzustellen, daß man so etwas schaffen könnte!« – »Das sollte ich mir am besten gleich aus dem Kopf schlagen. Niemand aus meiner Verwandtschaft ist besonders alt geworden.« – »Ich stehe das ja doch nicht durch – da kann ich es mir gleich sparen, damit anzufangen.«

Was haben Sie schon zu verlieren?

Jeder negative Gedanke dieser Art ist *Unrat*. Man hat Sie konditioniert und programmiert, diesen Unsinn ernst zu nehmen, und nur deshalb glauben Sie daran: Sehen Sie ein, geben Sie zu, daß es so ist! Schlagen Sie sich durch diesen Wust von Unsinn hindurch; lassen Sie sich nicht von ihm aufhalten! Was haben Sie schließlich bei dieser ganzen Sache schon zu verlieren? Nun?

Wenn Ihre Bemühungen und meine Empfehlungen und Ratschläge zu nichts führen, dann bleiben Sie eben schlimmstenfalls ganz genauso, wie Sie sind; wenn sie aber etwas bewirken, dann können Sie dabei nur gewinnen. Mit anderen Worten: Dieses Programm »Denken Sie sich jung! So bleiben Sie jung« ist ein Spiel, bei dem es keine Verlierer gibt! Sie *können* überhaupt nicht verlieren, also fangen Sie direkt an: Stellen Sie den Mechanismus in Ihrem Geist ab, der immerzu behauptet, daß Sie mit jedem Tag älter werden.

Vor etlichen Jahren kam etwas in Mode, das sich »Lernschlaf« nannte. Man dachte sich die Sache folgendermaßen: Man kauft sich einen Satz Kassetten mit dem bestimmten Kurs, der einen interessiert, stellt abends vor dem Einschlafen das Abspielgerät neben sein Bett, legt den Lautsprecher unter das Kissen und schläft ein. Und ruckzuck – am nächsten Morgen spricht man schon fließend englisch, russisch oder chinesisch oder beherrscht überhaupt, was man sich ausgesucht hatte!

Natürlich wirkte es tatsächlich nicht ganz so

schnell, und der Kurs mußte über längere Zeit durchgehalten werden, bevor sich die ersten Erfolge einstellten. Unglücklicherweise verloren aber viele Leute schon nach ein, zwei Wochen den Mut, meinten, die Sache könne unmöglich funktionieren, und gaben auf.

Damals waren die hier ins Spiel kommenden geistigen Mechanismen noch nicht so differenziert erforscht, und man wußte zum Beispiel noch nicht, daß bei einer solchen auf das Unterbewußtsein abzielenden Lehrmethode – selbst bei einem geeigneten Lernstoff – mit Widerständen zu rechnen ist. Hinzu kommt noch, daß der Geist überhaupt nur in einer kurzen Zeitspanne von zwanzig bis dreißig Minuten, jeweils während des Einschlafens und beim allmählichen Aufwachen, aufnahmebereit ist, also in dieser Weise lernen kann.

Es dauert drei bis vier Wochen, bis man es schafft, die Abschottung, den Widerstand des Geistes zu durchbrechen. Dieser Widerstand äußert sich hauptsächlich in negativen Bemerkungen, die das Unterbewußtsein Ihnen fortwährend »heraufschickt«, wie zum Beispiel: »Das kann ja gar nicht klappen, also wozu erst mit dem Blödsinn anfangen!« Oder: »Ich könnte mich ohrfeigen! Soviel Geld für eine solche Albernheit auszugeben!«

Vereinfacht ausgedrückt, besteht der Widerstand des Geistes in der Summe aller negativen Ansichten und Einstellungen, die man Ihnen in Ihrer Kindheit beigebracht hat, und die so zäh und ineinander verfilzt sind, daß sie eine scheinbar undurchdringliche Barriere in Ihrem Geist bilden. Und das ist der gefährliche Punkt: Wenn man unvorbereitet und ahnungslos auf diesen Widerstand stößt, gibt man meist nach ein paar Tagen auf und versucht es nie wieder.

Viel mehr in Ihrem Interesse liegt es, wenn Sie geistigen Widerstand *gegen* jegliche Tendenz üben, die dem Altern Vorschub leistet. Ja, ich rufe Sie auf zur Rebellion, zum *geistigen Widerstand gegen das Altwerden!*

Mit Beharrlichkeit zum Erfolg

Wenn Sie allerdings darauf gefaßt waren, mit solchen Schwierigkeiten konfrontiert zu werden, dann verlieren Sie nicht den Mut, sobald diese auftreten, sondern verdoppeln sogar Ihre Anstrengungen; und nach wenigen Tagen habe Sie die Barrikaden des Geistes endgültig und ein für allemal durchbrochen. Indem Sie sich dieses Widerstandes und seiner Beschaffenheit nach und nach bewußt werden, überwinden Sie ihn, und zwar vielleicht zum ersten Mal in Ihrem Leben: Das zeigt Ihnen, wie sehr Sie sich zum Gefangenen Ihres eigenen Geistes gemacht hatten! Rebellieren Sie!

Eine Studentin erzählte vor gar nicht langer Zeit der Gruppe folgende Geschichte. Sie wußte, daß sie den wirklich starken Wunsch hatte, ihre Jugendlichkeit wiederzugewinnen, und nahm deswegen die Warnungen vor dem Widerstand des Geistes nicht besonders ernst; sie dachte, *ihr* könne das nichts anhaben! Nachdem sie zwei Wochen lang ihre geistigen Übungen gewissenhaft ausgeführt hatte, wachte sie eines Morgens sehr übellaunig und niedergeschlagen auf, und ein negativer Gedanke drängte sich ihr auf: »Das kann doch einfach nicht funktionieren; was soll ich mich also weiter abmühen?« Außerdem schoß ihr immer wieder die Idee in den Kopf, daß sie es doch gar nicht *verdiente,* gut auszusehen, es also auch aus diesem Grunde verlorene Zeit wäre, weiterzumachen.

In dem Augenblick erkannte sie, daß sie mit voller Kraft gegen die Barriere des Geistes geknallt war: Sie verdoppelte daraufhin ihre Anstrengungen, hatte zwei Tage später den Widerstand überwunden und mußte sich später nie wieder mit derartigen Problemen herumschlagen.

Andere Kursteilnehmer hatten dagegen wiederholt Schwierigkeiten mit diesem Widerstand des Geistes: Sie überwanden ihn, und kaum war eine Woche vergangen, ging die Sache wieder von vorn los. Diese Menschen hatten in ihrer Kindheit durchwegs eine extrem negative Konditionierung erfahren – wurden von ihrer Umgebung vollständig abgelehnt, erlebten Gewalt und Alkoholismus; ihr Selbstwertgefühl war daher praktisch gleich Null. Aber selbst sie schafften es, den Widerstand des Geistes nach einigen Monaten endgültig zu überwinden – und glücklicherweise ist eine *solche* Kindheit doch eher die Ausnahme als die Regel.

Prägen Sie sich also folgendes gut ein: Jeder Ausbruch von Selbstzweifeln, Trägheit oder Niedergeschlagenheit, der Sie überkommt, zeugt von falschen Gefühlen, Einstellungen und Meinungen, die noch von Ihrer Kindheit her versuchen, Sie in ihrem Bann zu halten. Ihre alten und eigentlich überholten Denk- und Empfindungsmuster werden nicht aufhören, immer wieder aufzutauchen, bis Sie sich bewußt auf den ernsthaften Versuch einlassen, Ihre psychischen Probleme zu beseitigen.

Wenn Sie schon nichts anderes tun wollen, fangen Sie mit der Spiegeltechnik an: Führen Sie sie an einundzwanzig aufeinanderfolgenden Tagen durch, und nach Ablauf dieser Frist werden Sie bereits so viel Zutrauen zu sich selbst gefaßt haben, daß Sie imstande sein werden, die anderen Übungen und Maßnahmen zu Ihrer Verjüngung in Angriff zu nehmen. Schon diese Technik allein wird Ihre Zweifel und Minderwertigkeitsgefühle weitgehend auslöschen. Die bloße Tatsache, daß Sie sich des geistigen Widerstandes bewußt sind, wird drei Viertel der Probleme, die Sie sonst gehabt hätten, beseitigen: Das klare Bewußtsein eines Problems ist immer bereits drei Viertel seiner Lösung!

16
Jetzt mit System!

Abschließend möchte ich alle Informationen, die ich Ihnen im Laufe dieses Buches einzeln vermittelt habe, systematisch zusammenfassen. Sie erhalten damit eine bestimmte Abfolge von Maßnahmen, die Sie täglich durchführen und so Ihr persönliches Programm ohne weitere Verzögerung in Angriff nehmen können: *Denken Sie sich jung! Sie sind jung! So bleiben Sie jung...*

1. GEISTIGE ÜBUNGEN
a) Die Spiegeltechnik

Gehen Sie jeden Morgen direkt nach dem Aufwachen zum Spiegel; schauen Sie sich direkt in die Augen, ohne dabei auf die Gesamterscheinung Ihres Gesichts zu achten. Sagen Sie laut und mit viel Enthusiasmus: *»Ich mag mich bedingungslos.«* Wiederholen Sie sich im Laufe des Tages diesen Satz so oft wie möglich, jedesmal, wenn er Ihnen wieder einfällt. *Laut* brauchen Sie das nur zweimal täglich zu sagen, morgens und abends vor dem Spiegel. Sie müssen diese Übung wenigstens einundzwanzig Tage lang ununterbrochen durchführen, damit Sie sich daran gewöhnen, sich selbst zu mögen.

Um sich so oft wie möglich an diese Übung zu erinnern, schreiben Sie den Satz auf Karteikarten und bringen Sie diese überall dort an, wohin Sie im Laufe des Tages mit Sicherheit schauen werden: am Badezimmerspiegel, an der Tür des Kühlschrankes, an Ihrem Schreibtisch, am Armaturenbrett Ihres Wagens und so weiter.

b) Erweitern Sie Ihre schöpferische Phantasie!

Ziehen Sie sich wenigstens einmal am Tag an einen ruhigen Ort zurück und erweitern Sie Ihre schöpferische Phantasie mit Hilfe der in Kapitel zehn beschriebenen Entspannungsübung. Benützen Sie Ihre Vorstellungskraft, um sich das Ziel auszumalen, das Sie am meisten anspricht – Sie selbst in dem Alter, das Sie gern wiedererlangen würden, oder allgemein eine glückliche Zeit Ihres Lebens. Jedes solche Bild, das Sie sich vergegenwärtigen, wird Sie mit einem tiefen Glücksgefühl erfüllen, das Sie für den Rest des Tages nicht mehr verlassen wird.

Die beste Zeit für diese Übung ist während Ihrer täglichen Phase des Energietiefs – das ist gewöhnlich am Nachmittag, wenn Sie ein »Morgenmensch« sind, oder vormittags, wenn Sie eher zu den »Abendmenschen« gehören; hervorragend eignet sich auch der späte Nachmittag, wenn Sie gerade nach einem langen und anstrengenden Tag von Ihrer Arbeit heimgekommen sind. Aber letzten Endes ist jede Zeit des Tages recht, zu der Sie sich zehn bis fünfzehn Minuten freinehmen können, ohne Störungen zu befürchten.

Sie werden feststellen, daß Sie durch diese Technik das Energiereservoir Ihres Geistes erreichen und anzapfen; Sie werden am Ende dieser Übung vollkommen entspannt und mit einem Gefühl beherrschter Energie in das Alltagsbewußtsein zurückkehren. Viele Studenten haben berichtet, daß sich ihr Schlafbedürfnis schon nach den ersten Wochen deutlich verringerte, und daß sie mit weniger Stunden Schlaf mehr Energie in sich verspürten als vor Beginn der Übung. Der Grund für diese Tatsache ist, daß Sie alle negativen, deprimierenden und beängstigenden Gedanken, die bislang einen Großteil Ihrer Kraft beansprucht hatten, auslöschen, wodurch ein Energieschub freigesetzt wird, der es Ihnen ermöglicht, sich mit anderen, sinnvolleren Gegenständen zu beschäftigen.

2. KÖRPERLICHE ÜBUNGEN

Gehen wir davon aus, daß Sie sich inzwischen entschieden haben, welches Trainingsprogramm für Sie am geeignetsten ist; nun sollten Sie gewissenhaft dabei bleiben und die Übung regelmäßig jeden Tag durchführen – oder doch wenigstens dreimal pro Woche –, und jedesmal für mindestens fünfzehn Minuten. Sie können natürlich, wenn Ihre körperliche Verfassung es erlaubt, auch mehr trainieren, auf keinen Fall aber weniger. Wenn Sie joggen, werden drei Tage in der Woche auch das absolut erforderliche Minimum sein. Die Streckübungen sollten Sie jeden Tag durchführen, und zwar entweder noch im Bett oder direkt nach dem Duschen oder Waschen. Denken Sie auch daran, Ihr Gesicht zu trainieren: Es gibt auch dort zahlreiche Muskeln, die mit zunehmendem Alter leicht anfangen zu erschlaffen. Auch beim Seilspringen müssen Sie als Trainingsdauer fünfzehn Minuten erreichen, mindestens dreimal in der Woche; doch sollten Sie – außer Sie sind schon an solche körperliche Beanspruchung gewöhnt – nicht versuchen, dieses Pensum schon beim ersten Mal zu bewältigen. Fangen Sie mit einer Minute an, und legen Sie jede Woche eine Minute zu, bis Sie die angestrebte Zeit erreicht haben.

Ich habe übrigens festgestellt, daß es besser ist, ein gemischtes Programm zusammenzustellen, als sich auf eine einzige Übung zu konzentrieren. Mein Programm sieht folgendermaßen aus: An drei Tagen in der Woche jogge ich, bei schönem Wetter, oder ich springe Seil in der Wohnung, wenn es regnet. An drei anderen Tagen wähle ich die Sportart, auf die ich gerade am meisten Lust habe – sei es Schwimmen, Radfahren, Tennis oder was auch immer. Die Streckübungen mache ich täglich, weil man sich danach immer besonders gut fühlt. Am siebenten Tage ruhe ich.

3. Energiespendende Nahrung

Was Sie jeden Tag unbedingt zu sich nehmen sollten:

1. Ein Ei und ein Stück Vollkornbrot mit Butter.
2. Ein Glas Gemüsesaft, wenn möglich frisch gepreßt.
3. Zwei Gläser Milch (wenn Sie auf Ihre Linie achten müssen, nehmen Sie Magermilch) mit je einem Eßlöffel Joghurtbioferment (gibt's im Reformhaus).
4. Wenigstens vier Gläser Wasser (am besten Mineralwasser ohne Kohlensäure).
5. Viel Joghurt, das Sie auch bei vielen Gerichten anstelle von saurer Sahne oder Crème fraîche verwenden können; ansonsten natürlich pur, mit Obst oder zu Müsli.
6. Eine der folgenden Gemüsesorten, je nachdem roh oder gekocht: Radieschen, Zwiebeln, Pilze, Spinat, Sellerie, Blumenkohl oder Spargel.
7. Einen grünen oder gemischen Salat mit so vielen frischen Gemüsen wie Sie nur finden können; als Dressing können Sie Öl und Essig oder Zitrone verwenden oder das folgende Rezept ausprobieren:
½ Gurke, geschält und gewürfelt
1 Tasse Joghurt
1 Teelöffel Weißweinessig
¼ Teelöffel Salz
1 kleine Knoblauchzehe, fein gehackt
1 mittelgroße Tomate, geschält und fein gehackt

½ Tasse feingehackte Zwiebel.
Pürieren Sie Gurke, Joghurt, Essig, Salz und
Knoblauch im Mixer; geben Sie Tomate und
Zwiebel hinzu. Einige Stunden kalt stellen. Das
ergibt 2½ Tassen Dressing und enthält nur fünf
Kalorien pro Eßlöffel.

8. Zusätzlich ein gutes Multivitaminpräparat. Sie
können auch ein bis zwei Teelöffel Weizenkeime, Lezithin oder Bierhefe über jeden Salat
streuen oder sie in Gemüsesaft einrühren.

Essen Sie einmal pro Woche Erbsen, Bohnen,
Linsen, Sojabohnen oder rote Bete.

Vier- bis sechsmal in der Woche sollten Sie eine
kleine Dose Sardinen essen; an den anderen Tagen eine andere Sorte Fisch Ihrer Wahl. Je
einmal die Woche können Sie Kalbsleber und
Geflügel essen und Rindfleisch höchstens einmal
in der Woche.

Diese Diät bedeutet für die meisten Menschen eine
beträchtliche Umstellung in ihren Eßgewohnheiten:
Anstatt, wie bisher, Ihren Proteinbedarf zu neunzig
Prozent durch Fleisch und nur zu zehn Prozent
durch Fisch zu decken, müssen Sie jetzt das Verhältnis umkehren. Allerdings nicht von einem Tag auf
den anderen, sondern schrittweise: Wenn Sie zeit
Ihres Lebens hauptsächlich Fleisch gegessen haben,
beginnen Sie mit zwei oder drei Fischmahlzeiten
pro Woche; nach einem Monat fügen Sie eine weitere hinzu und steigern sich so allmählich, bis Sie
nach sechs Monaten den richtigen Anteil an Fisch
in Ihrer Ernährung erreicht haben.

Die einzige Regel, an die Sie sich bei dieser Diät *unbedingt* halten müssen, ist: täglich zwei Gläser Milch, ein Glas Gemüsesaft und mindestens vier Gläser Wasser zu trinken. *Das ist absolut unerläß-lich!* Der Grund dafür ist, daß diese spezielle Diät bei Menschen mit einem zu hohen Harnstoffspiegel im Blut zu Komplikationen führen könnte; unter Umständen könnte sich, bei nicht ausreichender Flüssigkeitszufuhr, eine Neigung zur Bildung von Nierensteinen oder Gicht einstellen. Doch auch ungeachtet dieser Vorsichtsmaßnahme sollten Sie sich auf jeden Fall mit Ihrem Hausarzt in Verbindung setzen, ehe Sie Ihre Ernährung so drastisch umstellen, und ganz besonders, wenn Sie bereits eine therapeutische Diät befolgen. Ihr Arzt kennt Sie in dieser Hinsicht am besten und sollte in Zweifelsfällen immer das letzte Wort haben.

4. SPIRITUELLE ÜBUNGEN

a) Machen Sie sich jeden Tag, direkt nach dem Aufwachen und noch ehe Sie aufgestanden sind, bewußt, daß Sie allen Grund zur Dankbarkeit haben. Seien Sie für alles Gute in Ihrem Leben dankbar. Erkennen Sie, daß Sie nicht alleine sind, daß Ihnen stets eine Kraft zur Seite steht – Ihre eigene Quelle der Kreativität, derer Sie sich nur bewußt zu werden brauchen.

b) Verzeihen Sie wenigstens einmal am Tag jedem Menschen, der Ihnen negative Gefühle verursacht hat. Vor allen Dingen, verzeihen Sie sich selbst für jeden Fehler und jede Ungeschicklichkeit, die Sie begangen haben. Wir können alle nicht mehr als unser Bestes tun, nach dem jeweiligen Stand unseres Wissens und unserer Erfahrung. Verurteilen Sie sich also nicht: Sie haben immer das Beste getan, das in Ihrer Macht stand.

5. Aktivitäten

Sorgen Sie immer dafür, daß Ihre Neugierde wach bleibt. Tun Sie jeden Tag etwas, das von Ihrer gewohnten Routine, von Ihrem Alltag abweicht. In den ersten drei Wochen kostet es Sie vielleicht einige Überwindung, doch bald werden Sie sich daran gewöhnt haben, Ungewohntes zu tun, und Sie werden sich das nicht einmal mehr bewußt vornehmen müssen.

Eine wichtige Vorsichtsmaßnahme: Halten Sie dieses Programm und Ihre damit verbundenen Absichten wenigstens während der ersten einundzwanzig Tage geheim. Es gibt leider mehr als genug Pessimisten und Schwarzmaler, die, wenn Sie ihnen von Ihren Plänen erzählen, Sie mit ihren Zweifeln dazu bringen werden, selbst an sich zu zweifeln. Diese Leute werden bestimmt sofort erklären, die ganze Sache könne unmöglich funktionieren, und da Sie anfangs selbst nicht so hundertprozentig von der Wirksamkeit des Programms überzeugt sind, könnte es durchaus passieren, daß Sie ihnen Glauben schenken und das Unternehmen gleich wieder aufgeben.

Aktivitäten 209

Wir haben außerdem bei unseren Kursen immer
wieder festgestellt, daß die Energie und der Enthusiasmus, die man zu Beginn des Programms verspürt, sinnlos verpuffen, wenn man mit jemandem
über die Sache spricht, der keine Vorstellung davon
hat, wie der menschliche Geist funktioniert. Sie
brauchen aber diese Energie, um überhaupt richtig
anzufangen: Vergeuden Sie sie also nicht in nutzlo-
sen Gesprächen – handeln Sie!
Dieses Programm ist nach streng wissenschaftli-
chen Gesichtspunkten konzipiert, und Ihr Erfolg
wird proportional zum Einsatz sein: Investieren Sie
fünfzig Prozent Ihrer Zeit und Energie in das Pro-
jekt, werden Sie fünfzigprozentigen Erfolg haben,
investieren Sie fünfundsiebzig Prozent, bekommen
Sie ebensoviel zurück.
Ihr Erfolg steht immer in einem eindeutigen und
unveränderlichen Verhältnis zum Ausmaß an Energie, die Sie bereit sind, in die jeweilige Sache zu investieren!

17
Jenseits des Geistes

Wir haben bislang die physischen und die psychischen Aspekte des Alterns untersucht; jetzt müssen wir uns demjenigen zuwenden, was jenseits des Geistes und jenseits der Sinne liegt. Wir müssen uns über jegliche sinnliche Erfahrung hinauswagen und hinter das schauen, was wir sehen, was wir hören und fühlen können. Jetzt, da wir begriffen haben, daß das Alter nur ein Geisteszustand ist, erkennen wir auch, daß wir weit mehr sind als nur ein Körper, viel mehr als nur Empfindungen und Geist: Es gibt ein größeres, umfassendes, ewiges Etwas, dem wir als Teil angehören.

Wir sind als Gottes Bild geschaffen. Gott ist Leben, und in diesem Leben, das Gott ist, gibt es keine Jahre und keine Zeit. Dem Leben eignet ewiges Sein und beständige Dauer, und so gibt es in höchster Wirklichkeit kein »Altern« und keinen Verfall, dem wir entgegenzuarbeiten hätten.

Unser eigentliches Leben vollzieht sich auf der spirituellen Ebene. Dieses Leben ist nicht dem Körper unterworfen, es regiert vielmehr selbst den Körper, ist dessen belebendes Prinzip. Das Leben ist das Gesetz, dem unser Körper gehorcht, und nicht umgekehrt.

Der Geist ist ein Fenster

Sie können sich Ihren Geist als ein Fenster vorstellen, das einen Ausblick in jenes unendlich größere Bewußtsein gewährt, das wir Gott, den Schöpfer, nennen. Bis auf den heutigen Tag war dieses Fenster Ihres Geistes so trüb und beschlagen, so mit Negativität, irrigen Auffassungen und falschen Meinungen verschmutzt, daß es überhaupt nicht möglich war, hindurchzuschauen und zu bemerken, daß es etwas Größeres gibt als uns selbst.

Wenn Sie anfangen, dieses Fenster zu reinigen, indem Sie Ihre negativen Empfindungen, Einstellungen und Meinungen durch positive, kraftvolle Gedanken ersetzen, wird Ihnen auch allmählich das Vorhandensein eines größeren »Etwas« bewußt. Sie erkennen, daß Sie unmöglich diesen vollkommenen Körper und Geist aus reinem Zufall bewohnen und besitzen können – irgend etwas oder jemand muß die Idee dieser Vollkommenheit konzipiert haben, die in Ihnen ruht –, dieser Vollkommenheit, die den innersten Kern Ihres Wesens ausmacht.

Das Zentrum Ihres Wesens befindet sich immer in einem ewigen Zustand der Harmonie, in ewigem Frieden und Gleichgewicht. Es ist darin der Nabe eines Rades vergleichbar, die in Ihrem absoluten Mittelpunkt immer wandellos ruht, auch wenn sich das Rad noch so schnell dreht. Wenn Sie sich durch die in diesem Buch beschriebenen Übungen auf die Grundprinzipien des Lebens einstimmen, kommen Sie mehr und mehr mit diesem Zentrum Ihres Wesens in Berührung – mit dem inneren Ort ewiger, vollendeter Harmonie; und wenn Sie erst Ihren Mittelpunkt in diesem Ihrem eigentlichen Wesen gefunden und sich darin zentriert haben, werden Sie stets in vollkommenem Frieden leben, ohne Angst, ohne Sorgen, ohne alle Spannungen, gleichgültig, was währenddessen um Sie herum geschieht: Und das wird dann wahrlich ein Himmel auf Erden sein!

Erkennen Sie Ihr wahres Ich!

Gehen Sie zum nächsten Spiegel. Betrachten Sie sich gut und gründlich – schauen Sie nicht auf das Spiegelbild Ihres Körpers, sondern in die Augen, bis tief in die Seele. *Das* ist das wirkliche Ich, das aus Ihren Augen hervorschaut; *das* ist es, was Ihr Schöpfer im Sinn hatte, als er Sie schuf – nicht die Form, die Sie im Spiegel erblicken.

Sie sind nicht nur dieser Körper, Sie sind auch nicht nur der Geist – Ihr Denken und Fühlen; Sie sind weitaus mehr als das. Werden Sie sich Ihres inneren Wesens bewußt, und Sie machen es sich zu eigen: Mehr als das Bewußtsein seines Vorhandenseins benötigen Sie dazu nicht.

Vielleicht denken Sie jetzt: »Vor zwanzig Jahren hätte ich das geschafft; jetzt ist es zu spät«; vielleicht sind Ihre Kinder schon erwachsen und aus dem Haus, sind Sie selbst schon Rentner, ohne Verantwortung für eine Familie; vielleicht sind Sie verwitwet und leben in einem Altersheim.

Es spielt jedoch überhaupt keine Rolle, wie »alt«

Sie im herkömmlichen Sinne gerade sind; es spielt keine Rolle, in was für Lebensumständen Sie sich befinden: Sie können es *jetzt* schaffen! Denn Sie und *nur* Sie haben die Macht über Ihren Geist und somit die Macht, ihn zu ändern. Ändern Sie sich selbst, und Sie verändern Ihre Welt!

Beschließen Sie jetzt, in diesem Augenblick, zu dem zu werden, wozu Ihr Schöpfer Sie entworfen hatte. Erkennen Sie *jetzt,* daß Sie nicht nur die Möglichkeit, sondern auch die Pflicht haben, die Initiative zu ergreifen und Ihre eigene Welt für sich zu verändern. Sie haben einen ungeheuren Vorzug vor allen anderen Geschöpfen – Ihren Geist; was aber sogar noch wichtiger ist, Sie haben die wertvollste Gabe überhaupt: die Macht zu entscheiden – *die Willensfreiheit!*

Eines der wichtigsten und zugleich einfachsten Geheimnisse überhaupt, um seine eigene Welt zu verändern, ist das *Bewußtsein* dieser wertvollsten aller Gaben; solange Ihnen aber dieses Bewußtsein fehlt, nützt sie Ihnen überhaupt nichts. Das einzige, was Sie also tun müssen, ist: erkennen, daß Sie diese Entscheidungsfreiheit besitzen. Mit der Erkenntnis wird diese Kraft augenblicklich aktiviert werden.

Wenn die einfachen Techniken dieses Buches mit Ausdauer betrieben werden, schenken sie Ihnen nicht nur die Fähigkeit, sich jung zu denken und jung zu sein und zu bleiben; sie werden auch Ihre ganze Welt verändern – sie zu einer bislang für Sie unvorstellbaren, vollkommen neuen und wunderbaren Welt umgestalten.

Jugend ist ein Geisteszustand!

Versuchen Sie jetzt, sich bewußt zu machen, daß Jugend tatsächlich ein Geisteszustand ist. Die Jugend, um die es in diesem Buch geht, ist nicht lediglich eine körperliche Angelegenheit, erschöpft sich nicht in jugendlich frischen Gesichtszügen und geschmeidigen Gelenken – sie ist weit mehr als das. Die Jugend, die wir anstreben, ist eine besondere Klarheit des Geistes, eine Frische der Vorstellungskraft, eine Kraft der Empfindungen; sie ist eine frische, aufsprudelnde Lebendigkeit. *Jugend* bedeutet, daß der Mut noch die Furchtsamkeit überwiegt, daß die Unternehmungslust stärker ist als die stubenhockerische Bequemlichkeit.

Niemand wird lediglich dadurch alt, daß er eine bestimmte Anzahl von Jahren erlebt: Die Menschen werden hauptsächlich alt, weil sie ihre Ideale verraten, ihr neugieriges Interesse am Leben verlieren. Der Verlust von Enthusiasmus läßt die Seele runzlig werden; und Furchtsamkeit, Zweifel, mangelndes Selbstvertrauen, Angst und Verzweiflung sind die »Altmacher«, die Ihren Geist in den Staub treten.

Ja, Jugend ist wahrhaftig eher ein Geisteszustand als ein bestimmtes absolutes Alter; und jetzt, genau in diesem Augenblick, können Sie mit dem positiven Tätigkeiten beginnen, die Ihnen helfen werden, sich jung zu denken und jung zu sein.

Fangen Sie jetzt an!

DIE REIHE AKTUELLER SACHBÜCHER

GEDÄCHTNIS BIS INS ALTER –
DAS BIOLOGISCH-MEDIZINISCHE
PROGRAMM GEGEN VERGESSLICHKEIT
Von Prof. Ladislaus S. Dereskey

Prof. L. S. Dereskey bietet in diesem Sachbuch ein attraktives Programm wirksamer Gedächtnishilfen. Sie erfahren, wie Sie Gedächtnisstörungen vorbeugen und beheben können. Im Spektrum dieser Expertenratschläge finden Sie neueste Forschungsergebnisse über Ernährung und Lebensführung, werden Sie Methoden eines zielführenden Kreislauf- und Gedächtnistrainings und die Möglichkeiten medikamentöser Hilfen kennenlernen. Sie dienen zugleich der Vorbeugung vorzeitigen Alterns. 190 Seiten, 8 Abb. und Tab., Best.-Nr. 1239.

GLÜCKLICH LEBEN IM RUHESTAND –
SINNVOLL PLANEN, IN FREUDE GENIESSEN
Von Dr. phil. Urs-Peter Oberlin

Dr. Oberlin rät, den Ruhestand früh genug vorzubereiten, und führt Sie anhand gezielter Fragen zur Analysierung Ihrer Verhältnisse und einem individuellen Konzept einer optimalen Gestaltung des Ruhestandes. Rentner können die vielen praktischen Ratschläge nutzen. 176 Seiten, Best.-Nr. 1287.

DIE MACHT IHRES UNTERBEWUSSTSEINS
Von Dr. phil. Joseph Murphy

Unser Unterbewußtsein lenkt und leitet uns, ob wir das wollen oder nicht. Dieses leichtverständliche Buch des dreifachen Doktors zeigt, wie wir die unermeßlichen Kräfte des Unterbewußtseins nach unserem Willen und für unsere Ziele nutzen und für uns schöpferisch einsetzen können. 245 Seiten, Best.-Nr. 1027.

OPTIMISTEN LEBEN LÄNGER
VON DER GEHEIMEN MACHT DES VERTRAUENS
Von Dr. phil. Ulrich Beer

Dr. Ulrich Beer, der bekannte Fernsehmoderator und Psychologe, zeigt Ihnen auf, wie Sie durch zuversichtliches Denken und engagiertes Handeln täglich dazu beitragen können, daß irgend etwas in Ihrem persönlichen Leben und in der Welt besser wird. Der Optimist, der in dem halbgefüllten Glas noch das halbvolle sieht, hat mehr vom Leben als ein anderer, der über das schon halbleere klagt; der Optimist trinkt an seinem »Glas« der Freuden tatsächlich länger. Warum das so ist, wie Sie sich einen gesunden Optimismus aneignen können und was er bewirkt, erklärt in diesem Buch ein erfahrener Lebensberater anhand zahlreicher Beispiele und nützlicher Ratschläge. 180 Seiten, Best.-Nr. 1337.

ARISTON VERLAG · GENF
CH-1211 GENF 6 · POSTFACH 176